Co-Economy: Wertschöpfung im digitalen Zeitalter

Claudia Pelzer • Nora Burgard

Co-Economy: Wertschöpfung im digitalen Zeitalter

Netzwerke und agile Organisationsstrukturen erfolgreich nutzen

Claudia Pelzer
Köln, Deutschland

Nora Burgard
Hamburg, Deutschland

ISBN 978-3-658-00954-0   ISBN 978-3-658-00955-7 (eBook)
DOI 10.1007/978-3-658-00955-7

Die Deutsche Nationalbibliothek verzeichnet diese Publikation in der Deutschen Nationalbibliografie; detaillierte bibliografische Daten sind im Internet über http://dnb.d-nb.de abrufbar.

Springer Gabler
© Springer Fachmedien Wiesbaden 2014

Lektorat: Manuela Eckstein, Imke Sander

Gedruckt auf säurefreiem und chlorfrei gebleichtem Papier

Springer Gabler ist eine Marke von Springer DE. Springer DE ist Teil der Fachverlagsgruppe Springer Science+Business Media
www.springer-gabler.de

Geleitwort

Connected. Zwischen souveräner Digitalisierung und digitaler Souveränität

Von Alexander von Streit & Stephan Weichert

Something ain't right

I'm gonna get myself, I'm gonna get myself
I'm gonna get myself connected
I ain't gonna go blind for the light which is reflected
I see thru you, I see thru you
I see thru you, I see thru you

Your dirty tricks, you make me sick (oh yeah)
I see thru you, I see thru you
I'm gonna do it again, I'm gonna do it again
Ah, I'm gonna do it again (I'm gonna do it again)
(I'm gonna do it again)
Gotta do right (I'm gonna do it again)
Cause something ain't right (I'm gonna do it again)
Gotta do right, come on (oh yeah)

If you make sure you're connected
The writing's on the wall
But if your mind's neglected, stumble you might fall
Stumble you might fall, stumble you might fall

(Stereo MCs, "Connected", 1992)

V

Es ist eine aufregende Zeit, in der wir uns befinden. Wie ein gewaltiger Sturm donnert die Digitalisierung durch unser Leben und lässt dabei keinen Stein auf dem anderen. Gesetzmäßigkeiten, die uns über Generationen hinweg als unumstößlich galten, befinden sich im Zustand der Auflösung. Traditionelle Geschäftsmodelle erodieren und machen Platz für neue Ideen. Unsere alten Vorstellungen von Öffentlichkeit, Privatsphäre und Eigentum stehen plötzlich auf dem Prüfstand. Die Art wie wir leben, lieben und arbeiten ändert sich gerade so tiefgreifend und in solch rasantem Tempo, dass wir zuweilen Schwierigkeiten haben, mit dem Wandel überhaupt Schritt zu halten. Und die Reise hat gerade erst begonnen.

Die Digitalisierung hat zwei Seiten – eine erfreuliche Seite und eine komplizierte. Die erfreuliche Seite meint vor allem den Fortschritt, der unsere Lebenswelt innoviert hat, uns fantastische Möglichkeiten der Selbstverwirklichung eröffnet und ein gigantisches Spektrum an Produkten hervorbringt. Veränderungen, von denen wir annehmen, dass sie unser soziales Zusammenleben vereinfachen, wenn nicht sogar das Soziale, wie wir es kennen, obsolet machen. Die Propheten der Digitalisierung hört man gerne schwärmen von den globalen Wirtschaftsströmen, die ganze Volkswirtschaften neu belebt hätten. Von den Möglichkeiten digitaler Partizipation und Mitgestaltung zivilgesellschaftlicher Prozesse. Und von der unkontrollierbaren Informationsfreiheit und Transparenz, die das barrierefreie Internet zum Demokratie-Beschleuniger in totalitären Regimen werden lässt. Es ist eine Welt, die sich gut anfühlt. Eine Welt voller Chancen.

Dieser Fortschrittsglaube wird getrübt durch eine andere, eine weniger euphorische Sichtweise. Sie konzentriert sich auf die Gefahren und Risiken, die eine durchdigitalisierte Gesellschaft mit sich bringt. Totalitäre Überwachungsphantasien, der technologische Imperativ und Algorithmisierungsszenarien in allen Schattierungen bedienen die von Digitalisierungskritikern propagierte Anti-Utopie. Sie warnen vor der Korrumpierbarkeit der Internet-Monopolisten, fürchten die Einschränkung der informationellen Grundversorgung und die Abschaffung der Privatsphäre. Sie fordern staatlichen Protektionismus und harte Gesetze für die Anarchiezone Internet. Die komplizierte Seite der Digitalisierung ist am ehesten mit der Angst vor dem Kontrollverlust beschrieben.

Der amerikanische Bestseller-Autor Dave Eggers hat in seinem Roman „The Circle" diese Grenzen zwischen Gut und Böse, zwischen Vision und Realität virtuos verschwinden lassen. Eggers apodiktisches Szenario verdeutlicht nicht nur, weshalb die digitale Gesellschaft ihrer Transformation in ein Zeitalter der Kollektivüberwachung gelassen und wider besseres Wissen entgegenblickt. Er beschreibt auch, warum sie in der digitalen Totalvernetzung ihr Seelenheil sucht. Datensammelwut und die Einswerdung mit dem Kommunikationszyklus der Massen verschmelzen zu einer komatösen Ohnmacht gegenüber dem Technikprimat. Eggers zeigt, warum die Menschen ihr Recht auf Anonymität freiwillig verwirken. Jegliche Kritik wird im Keim erstickt, gesellschaftliche Debatten sind nicht existent, George Orwells „1984" lässt grüßen.

In der Digitalisierung weder den alleinigen Motor des Aufschwungs noch den Anfang vom Ende jeglicher Zivilisierung zu erkennen, ist die Herausforderung eines Jeden, der sich mit ihrer gesellschaftlichen Bedeutung befasst. Digital vernetzt zu sein, ist in der Konsequenz ja erst einmal nichts anderes als eine (neue) Form der Kommunikation. Was dabei herauskommt – Integration, Exklusion, Überforderung, Dynamik, Permanenz, Partizipation – ist nur eine Frage der Perspektive und was wir daraus machen. Dass die Digitalisierung unser Leben, ob beruflich oder privat, hochgradig beeinflusst und künftig noch stärker beeinflussen wird, ist nicht zu leugnen. Nur *in welchem Maße* sie das tut, obliegt ebenso uns wie der Umstand, ob sich die Vernetzung von der souveränen Digitalisierung zur digitalen Souveränität entwickeln kann.

Betroffen von der digitalen Netzstruktur ist besonders die Arbeitswelt, in der die Strukturen und Abläufe, aber auch die Ressourcen umgewälzt werden. Innovationsfreude, Agilität und Ergebnisoffenheit prägen ebenso den Zeitgeist wie das Selbstverständnis moderner Unternehmen. Die Digitalisierung hat eine neue Gründerzeit eingeläutet, in der Business-Modelle erfunden und alternative Arbeits- und Organisationsformen umgesetzt werden. *Change* macht sich auch in etablierten Unternehmen bemerkbar, die den Anschluss an diese Revolution nicht verlieren wollen und nach Lösungen und Werkzeugen suchen, wie sie diesem Wandel adäquat begegnen können. Es gilt, die Chancen zu nutzen, die eine digitalisierte Welt uns bieten kann.

Das vorliegende Buch thematisiert die Qualitäten der neuen Netzwerk-Ökonomie. Es beleuchtet die Möglichkeiten zum dezentralen, vernetzten Arbeiten und zur Kollaboration, die global und unabhängig von Zeit und Raum möglich wird. Die Autorinnen beschreiben neue Arbeitsmodelle in der Shareconomy – vom Crowdsourcing über Co-Learning bis zur Co-Creation – und diskutieren die exponierten Rollen von Individuum und Team in der „Co-Economy". Claudia Pelzer und Nora Burgard gehören zweifellos zu denen, die in der Digitalisierung vor allem die Chancen erkennen und die an die Zukunft digitaler Arbeit glauben, indem sie dafür Handreichungen liefern.

Pelzers und Burgards Antworten auf die Digitalisierung sind weder schwarz noch weiß; vielmehr präsentieren sie anhand von Beispielen pragmatische Lösungen für diese komplexe neue Arbeitswelt, nicht nur für Entscheider. Entstanden ist ein Leitfaden und Impulsgeber in Buchform mit dem Potenzial, bestehende Arbeitszusammenhänge mindestens zu verändern, wenn nicht nachhaltig zu verbessern. Es schließt Wissenslücken und schafft wertvolle Anregungen für Arbeitsmodelle, die für den wirtschaftlichen Unternehmenserfolg in der neuen „Co-Economy" ideenleitend sind.

▶ Alexander von Streit ist Mitbegründer und Chefredakteur des durch
Crowdfunding finanzierten, unabhängigen Online-Magazins „Krautre-
porter" sowie Gründungsherausgeber der Debattenplattform „Vocer"
und Direktor des Vocer Innovation Medialab. Zuvor verantwortete er
unter anderem als Chefredakteur die deutsche Ausgabe des Maga-
zins „Wired", leitete das Digital-Ressort bei „Focus Online", war Chefredakteur des Medienmagazins „Cover" und schrieb für überregionale
Magazine, Zeitungen und Online-Angebote über Medien, Technik und
Gesellschaft. Er ist Mitherausgeber des Buches „Digitale Mediapolis.
Die neue Öffentlichkeit im Internet" und Mitbegründer des Vereins für
Medien- und Journalismuskritik.

▶ Prof. Dr. Stephan Weichert ist ein deutscher Medien- und
Kommunikationswissenschaftler.
Seit 2008 hat er eine Professur an der Macromedia Hochschule für
Medien und Kommunikation in Hamburg inne und leitet seit Okto-
ber 2013 den Studiengang „Digital Journalism" an der Hamburg
Media School. Stephan Weichert ist außerdem presserechtlich ver-
antwortlicher Herausgeber der Debattenplattform Vocer, Direktor
des Vocer Innovation Medialab sowie geschäftsführender Vorstand
des Vereins für Medien- und Journalismuskritik. Er ist Mitherausgeber des Buches „Digitale Mediapolis. Die neue Öffentlichkeit im
Internet".

Prolog

„Ich glaube an das Pferd. Das Automobil ist nur eine vorübergehende Erscheinung." Kaiser Wilhelm II., letzter Deutscher Kaiser

„No, Sir. Die Amerikaner brauchen vielleicht das Telefon, wir aber nicht. Wir haben sehr viele Eilboten." Chefingenieur der britischen Post zu Graham Bell, als dieser ihm die praktische Verwendbarkeit des Telefons demonstriert hatte

„Der Fernseher wird sich auf dem Markt nicht durchsetzen. Die Menschen werden sehr bald müde sein, jeden Abend auf eine Sperrholzkiste zu starren." Darryl F. Zanuck, Chef der Filmgesellschaft 20th Century-Fox, 1946

„640K sollten genug für jeden sein." Bill Gates, 1981

„Es gibt keinen Grund dafür, dass jemand einen Computer zu Hause haben wollte." Ken Olson, Präsident von Digital Equipment Corp., 1977

„Computer der Zukunft werden nicht mehr als 1,5 Tonnen wiegen." US-Zeitschrift Popular Mechanics, 1949

„Ich denke, dass es einen Weltmarkt für vielleicht fünf Computer gibt." Thomas Watson, CEO von IBM, 1943

„Schön, aber wozu ist das Ding gut?" Ingenieur der Forschungsabteilung Advanced Computing Systems Division von IBM zu einem Mikrochip, 1968

„Email is a totally unsaleable product." Ian Sharp, Sharp Associates, 1979

„Alles, was erfunden werden kann, wurde bereits erfunden." Charles Duell, Chef des amerikanischen Patentamts, 1899

Dieses Buch soll Ihnen helfen, die Chancen, die der technische Fortschritt für unsere Lebens- und Arbeitswelt mit sich bringt, wahrzunehmen und bestmöglich zu nutzen. Die ersten Worte haben wir deswegen ganz bewusst (und nicht ohne ein Augenzwinkern) anderen überlassen.

Diese Beispiele zeigen nicht nur, wie schnell man anstehende Veränderungen, Branchen-Innovationen und -Disruptionen unterschätzen kann. Sie machen auch deutlich, wie wichtig Offenheit und Agilität für Unternehmen sind – heute mehr denn je. Wie dies in der Praxis aussieht, werden wir auf den folgenden Seiten mittels einiger Denkanstöße, Beispiele und Anleitungen erläutern. Dabei gehen wir insbesondere darauf ein, wie (digitale) Netzwerke eine Grundlage für die Geschäftsmodelle der Zukunft bilden, was das im Detail für Unternehmen bedeutet und wie Sie an dieser Entwicklung partizipieren können.

Dieses Buch soll dem Leser eine erste Einordnung des Begriffs Kollaboration im Kontext des modernen und digitalen Arbeitens geben. Zu diesem Zweck haben wir die Thematik in Teilbereiche zerlegt, die sowohl die Grundlagen erklären als auch zugeordnete Beispiele darstellen. Am Ende jedes Kapitels finden sich eine Zusammenfassung der wichtigsten Punkte und eine Auswahl an Literaturquellen und -empfehlungen. Wir freuen uns auf Feedback, Fragen, neue Themen und Kontakte über die begleitenden Online-Kanäle.

https://www.facebook.com/coeconomy

http://www.crowdsourcingblog.de

Twitter:

Claudia Pelzer: @CrowdsourcingDE

Nora Burgard: @_NoraBurgard

Einleitung: Agilität besiegt Größe

Man stelle sich vor, es passiert etwas Großartiges und man darf nur aus der Ferne zuschauen. So mag es dem ein oder anderen Konzern in letzter Zeit gegangen sein, während sich um ihn herum bereits eine digitale Zukunft andeutet, an die er einfach keinen Anschluss findet. Denn er ist groß. Und langsam. Wenn dies aber eine unveränderliche Tatsache wäre, müssten weder wir dieses Buch schreiben noch müsste es jemand lesen (es sei denn, um sich schlecht zu fühlen, aber das ist nicht unsere Absicht). Die gute Nachricht ist: Agilität kann erlernt und gelebt werden. Denn wir befinden uns inmitten einer hochgradig vernetzten Welt. Diese Tatsache führt zwar zum einen zu einer Disruption vieler bestehender Branchen und Geschäftsmodelle, bietet aber auch zahlreiche Chancen, mit der Entwicklung Schritt zu halten und sie mitzugestalten.

Die Digitalisierung hat in so gut wie alle Beschäftigungsbereiche Einzug gehalten. Wir bewegen uns zweifelsohne einer Zukunft entgegen, in der kollaborative Prozesse und starke Netzwerke starre Hierarchien ersetzen und damit der Schlüssel für die Tragfähigkeit von Organisationen und Gesellschaft sind. Nach dem letzten großen Umbruch in der Arbeitswelt – der Industrialisierung – erfahren wir aktuell einen Gegentrend: die Deindustrialisierung. Das bedeutet: durch digitale Plattformen und Tools verschwimmen zunehmend die Grenzen zwischen Produzenten, Distributoren und Konsumenten. Kleine Technologie-Startups und Solo-Gründer schreiben die Erfolgsgeschichten von heute und morgen, eben weil sie klein und entsprechend agil sind, weil sie über starke Netzwerke verfügen und die vorhandenen Möglichkeiten zu nutzen wissen – und weil sie häufig aufgrund ihrer geringen Größe und Finanzkraft gar keine andere Möglichkeit haben, als sich einfache, kostengünstige Lösungen zu suchen.

Auch die Art und Weise, wie Arbeit organisiert wird, ändert sich: Wissensbasierte Tätigkeiten werden mobiler, können von überall aus umgesetzt werden. Der berühmte 9-to-5-Job mit Anwesenheitspflicht wird mehr und mehr zum Relikt ver-

gangener Tage. Egal ob klassischer Angestellter oder digitaler Nomade – Wissensarbeiter agieren eigenverantwortlicher, als dies noch vor wenigen Jahren der Fall
war. Zeitgleich werden die Innovationszyklen immer kürzer, und der Druck auf
die Unternehmen steigt. Sie sind in der Zwickmühle, denn sie müssen ihr lukrati-
ves Kerngeschäfts bewahren und stärken, aber zeitgleich am Ball bleiben für den
nächsten großen Trend. Betrachtet man die Wirtschaft von heute, fällt auf: Nachdem viele Prozesse optimiert und gleichgeschaltet, gebündelt und standardisiert
wurden, gelingt es nur noch mit Innovationen, sich von der Masse abzuheben.
Diese müssen nun nicht mehr zwangläufig von den Marktführern kommen. Oftmals stammen sie aus der Maker-Szene, aus 3D-Druckern, von Hackathons oder
es handelt sich um Projekte oder Produkte, die gefühlt aus dem Nichts kamen und
plötzlich auf Crowdfunding-Plattformen wie Kickstarter Millionen einsammelten
– inklusive der entsprechenden Aufmerksamkeit. Die Hauptressourcen dahinter:
Wissen, Kreativität, und immer wieder: Zugang zu Netzwerken.

Ob in Form von Crowdsourcing-Plattformen und -Kampagnen, in der Share-
comomy-Bewegung oder in offenen Innovations-Netzwerken, die Netzwerk-Ökonomie hat sich viele Wege und Gesichter gesucht. Die Eigenschaften und Anforderungen dieser Business-Modelle werden durch Nutzerzentriertheit und einen
starken Community-Fokus bestimmt. Sie profitieren oftmals von interdisziplinären
Ansätzen im Austausch und einer entsprechenden Offenheit, erfordern aber auch
ein Umdenken bei den Unternehmen. Imitation ist einfach, Standardisierung auch,
aber über den Tellerrand hinwegzudenken und sich auf Neues einzulassen, das erfordert Mut. Und es erfordert einen grundlegenden Strukturwandel.

Wo also sind die großen Unternehmen in diesem hochgradig demokratisierten
und agilen Wettbewerbsumfeld? Viele laufen tatsächlich Gefahr, auf Dauer den
Anschluss an die Innovationen zu verlieren, zumindest wenn sie nicht verstehen,
welchen strukturellen Wandel sie durchleben müssen und wie sie die neue netzbasierte Wertschöpfung für sich nutzen können. In den folgenden Kapiteln werden
wir eine Einführung in die Grundlagen der kollaborativen Ökonomie geben. Wir
erklären, wie sie entstanden ist, was sie ausmacht, welche Tools und Plattformen
sie hervorgebracht hat und welche Auswirkungen das für verschiedene Branchen
mit sich bringt. Zuletzt zeigen wir Möglichkeiten auf, wie Unternehmen diese Entwicklung für sich nutzen können.

Inhaltsverzeichnis

Connectedness

1

No man is an island, entire of itself. (John Donne, britischer Schriftsteller und Dichter)

Einleitend stellt sich die Frage: Was treibt die aktuellen Entwicklungen weg von einer linearen und eher hierarchischen hin zu einer netzartigen Struktur, und was ermöglicht sie überhaupt? Die Antwort lautet: das Internet. Es sorgt dafür, dass der tägliche Informationsaustausch in den letzten Jahren rapide angestiegen ist, sowohl was die Masse, als auch was die Geschwindigkeit betrifft. Die erste Seite des World Wide Web ging kurz vor Weihnachten 1990 im Schweizer Forschungszentrum CERN online (vgl. Abb. 1.1). Das Ganze lief auf einem NeXT-Computer, der immer noch dort besichtigt werden kann und an dem immer noch der originale, handgeschriebene Zettel mit den roten Lettern „This machine is a server. DO NOT POWER DOWN!!" trägt. Weitere Informationen zur Entstehung des WWW stellt CERN online unter http://home.web.cern.ch/topics/birth-web zur Verfügung.

Wie sieht es aber mit der heutigen Beschaffenheit des Internets selbst aus? Ein Russisches Team hat kürzlich den Versuch unternommen, es zu kartographieren.[1] Wie exakt die zoombare Grafik ist, lässt sich nur schwer hundertprozentig überprüfen. Deutlich sichtbar wird jedoch die Größe von Portalen wie Google oder Facebook gegenüber anderen Websites (siehe Abb. 1.2). All diese Datenmengen zusammengenommen sollen Forschern zufolge übrigens genauso viel wiegen wie eine handelsübliche Erdbeere, etwa 50 g (Stevens 2011), und sie bilden ein fein verästeltes Netz mit verschiedenen Knotenpunkten (siehe Abb. 1.3).

---

[1] http://internet-map.net.

© Springer Fachmedien Wiesbaden 2014
C. Pelzer, N. Burgard, *Co-Economy: Wertschöpfung im digitalen Zeitalter,*
DOI 10.1007/978-3-658-00955-7_1

World Wide Web

The WorldWideWeb (W3) is a wide-area hypermedia information retrieval initiative aiming to give universal access to a large universe of documents.

Everything there is online about W3 is linked directly or indirectly to this document, including an executive summary of the project, Mailing lists , Policy , November's W3 news , Frequently Asked Questions .

What's out there?
    Pointers to the world's online information, subjects , W3 servers , etc.
Help
    on the browser you are using
Software Products
    A list of W3 project components and their current state. (e.g. Line Mode ,X11 Viola , NeXTStep , Servers , Tools , Mail robot , Library)
Technical
    Details of protocols, formats, program internals etc
Bibliography
    Paper documentation on W3 and references.
People
    A list of some people involved in the project.
History
    A summary of the history of the project.
How can I help ?
    If you would like to support the web..
Getting code
    Getting the code by anonymous FTP , etc.

Abb. 1.1 Screenshot der ersten Website (CERN 1990): http://info.cern.ch/hypertext/ WWW/TheProject.html

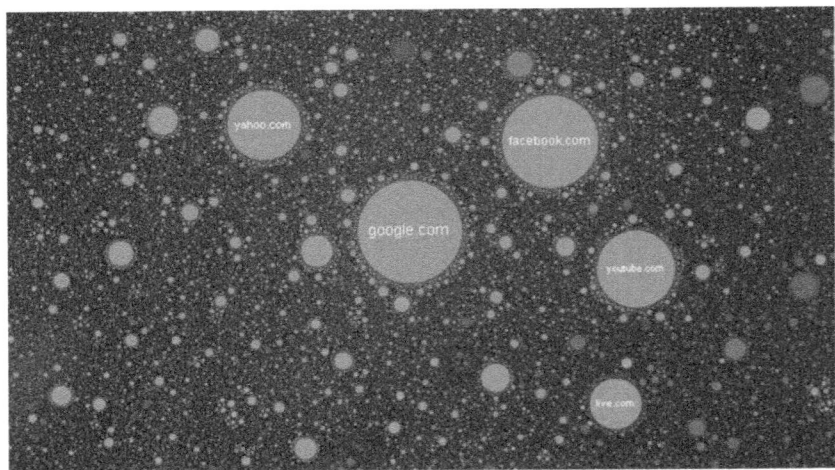

Abb. 1.2 Die Größe von Portalen gegenüber anderen Websites. (Quelle: http://internet-map.net)

Was technisch längst zum gewohnten Ist-Zustand geworden ist, das durchdringt nun auch zunehmend weitere Lebensbereiche und Ebenen (siehe Abb. 1.4). Dabei bedingen sich technische Grundlagen und sozio-ökonomische Entwicklungen durchaus gegenseitig. Abläufe und Strukturen passen sich mehr und mehr an. Das Internet erobert reale Orte, Dinge und Menschen. Wir nutzen es täglich zum Kartographieren, Navigieren und Einchecken, um Alltagsgegenstände und Kleidung (Stichwort: wearable technologies) zu vernetzen oder um unsere Biodaten zu sammeln (Stichwort: self-tracking).

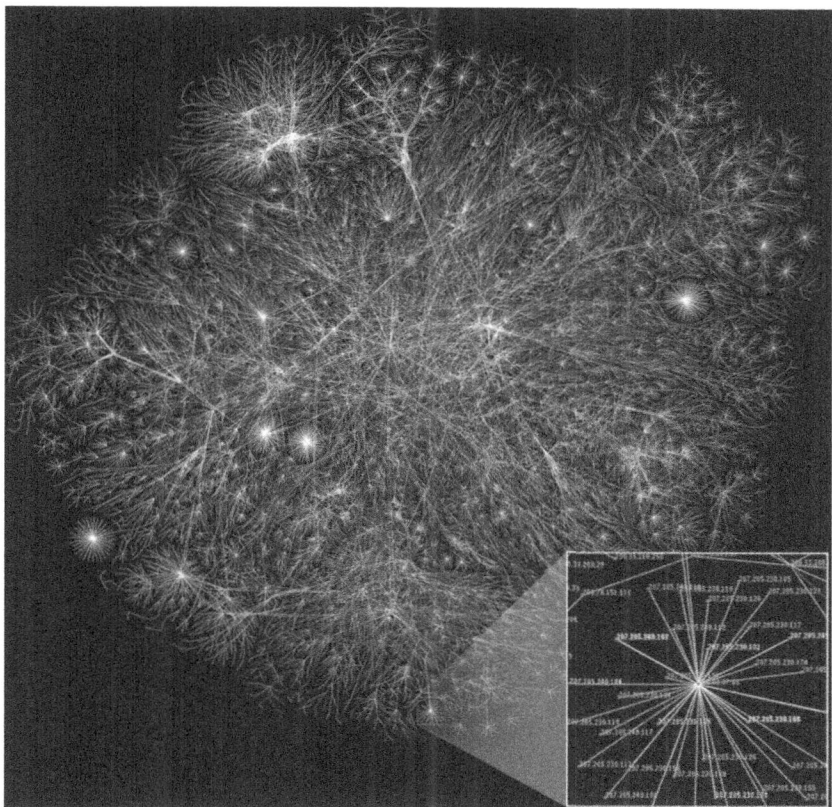

Abb. 1.3 Teile einer „Karte" des Internets, basierend auf Daten von opte.org am 15.01.2005. Jede Linie beschreibt zwei Knotenpunkte, die zwei IP-Adressen repräsentieren. (Quelle: http://upload.wikimedia.org/wikipedia/commons/d/d2/Internet_map_1024.jpg)

Als Grundlage für unser Leben ist das Netz also kaum noch wegzudenken. Hier einige Fakten zur heutigen Internetnutzung, die für sich sprechen. In 60 s werden (Weck 2013)

- zwei Millionen Google-Suchanfragen abgesetzt und 347 neue WordPress-Blogs sowie 571 neue Webseiten online gestellt,
- auf Twitter 278.000 Tweets pro Minute abgesetzt und auf Facebook 350 GB an Daten hochgeladen,
- 72 h Videomaterial auf YouTube hochgeladen (das entspricht etwa 25 % des US-amerikanischen Gesamt-Traffics).

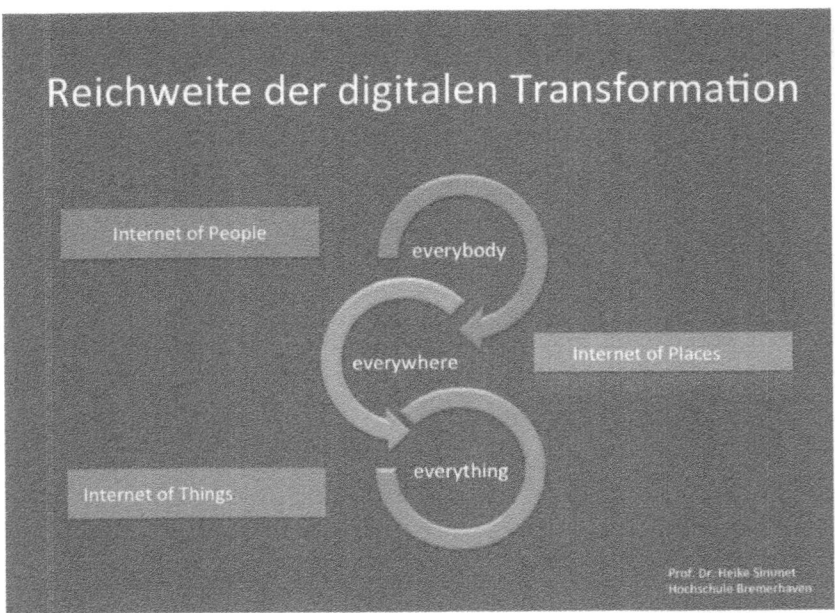

Abb. 1.4 Reichweite der digitalen Transformation. (Quelle: http://hsimmet.com/2013/12/15/
wearable-devices-neue-gamechanger-in-der-digitalen-tansformation/)

Was Deutschland betrifft, so stellte die ARD-ZDF-Onlinestudie (Eimeren und
Frees 2013) fest, dass im Jahr 2013 77,2 % der Bevölkerung (ab 14 Jahren) online
waren. Das entspricht 54,2 Mio. Menschen. Vor allen Dingen die mobilen Gerä-
te treiben dabei die Internet-Nutzung voran. Innerhalb nur eines Jahres stieg der
Anteil der mobilen Nutzung von 23 % (in 2012) auf 41 % (in 2013) an. Der durch-
schnittliche Deutsche besucht dabei laut Statistik regelmäßig acht Internet-Seiten.
Männer sind im Schnitt 1,3 h pro Tag online, bei Frauen sind es durchschnittlich
0,8 h (Eimeren und Frees 2013). Etwa 60 % der deutschen Internetnutzer verfügen
laut der gleichen Studie über einen Breitbandzugang – hier herrscht also noch deut-
liches Ausbaupotenzial.

1.1 Netzwerke, Soziale Medien und Communities

*Right now, with social networks and other tools on the Internet, all of these 500 mil-
lion people have a way to say what they're thinking and have their voice be heard.
(Mark Zuckerberg, Facebook-Gründer)*

Was aber macht das Internet so attraktiv? In erster Linie, dass wir dort nicht allein sind! Es ermöglicht uns den Zugang zu anderen Nutzern und den unmittelbaren Austausch von Informationen. Netzeffekte sind hier der zentrale Vorteil, also positive externe Effekte, bei denen der Nutzen mit der Erhöhung der Nutzerzahlen für alle Beteiligten steigt. Insbesondere bei Social-Media-Plattformen und Online-Communities lässt sich das beobachten. Informationen verbreiten sich hier nicht mehr linear, sondern viral. Nutzer werden zu Korrespondenten (Dapp und Schneider 2011), die Informationen erstellen, versenden, kommentieren und bewerten. Nachrichten verbreiten sich in Sekundenschnelle viral im Netz, und die sozialen Netzwerke sind schon längst zur starken Konkurrenz klassischer Informanten wie Fernsehen, Radio und Zeitung geworden. Von Entertainment mittels Katzenbilder bis zum Liveticker über das Kanzlerduell: Wir generieren und teilen Informationen online. Diese Vernetzung – die Connectedness – ist heute tief in unserem alltäglichen Leben, in unserer Kultur und Arbeit verankert.

Die digitalen Technologien ermöglichen nicht nur, dass Konversationen und Informationen unabhängig von Zeit und Raum entstehen und wachsen, auch die Möglichkeiten zu Kollaborationen und Kooperationen entwickeln sich stetig weiter. Neben dem Internet sind es Technologien wie digitale Aufzeichnungsgeräte und Datenspeicher, Cloud Computing sowie GPS & Co., die unseren heutigen vernetzten Lebens- und Arbeitsstil definieren. Unsere Gesellschaft ist damit immer mehr geprägt von der Interaktion zwischen Mensch und Computern/Netzwerken: Aus den Konsumenten werden Prosumenten, die Menge an User-generated Content wächst stetig und die globale digitale Vernetzung verdichtet sich immer weiter (Dapp und Schneider 2011; Allen 2011).

Im Zeitalter der Connectedness kommt Social-Media-Plattformen eine entscheidende Bedeutung zu: Sie befriedigen das menschliche Bedürfnis nach Kommunikation, Interaktivität und Beteiligung. Der rasante Anstieg der Nutzerzahlen spricht für sich: Zwischen 2005 und 2011 ist in den USA die Anzahl der Social-Media-Nutzer von 8 % auf 47 % gestiegen, wovon der Großteil Facebook und LinkedIn nutzt (Dapp und Schneider 2011). Im September 2013 wurden nun endlich zum ersten Mal offizielle Zahlen zur Nutzung des aktuell größten Netzwerkes – Facebook – in Deutschland veröffentlicht: Ungefähr die Hälfte der deutschen Internetnutzer sind auch auf Facebook aktiv, das sind 25.000.000 Menschen. Davon loggen sich 76 % täglich ein und 72 % nutzen das soziale Netzwerk über ihre mobilen Endgeräte (Kulow 2013). Abbildung 1.5 zeigt die Infografik zur Facebook-Nutzung in Deutschland.

Beim Informationstransfer in den sozialen Netzwerken ist es dabei deutlich weniger wichtig, wer welche Informationen liefert – dafür gewinnen die Reaktionen der anderen Nutzer auf diese Informationen an Relevanz. Inhalte, die digital eine weitreichende Resonanz auslösen, werden schließlich viral verbreitet und erzeu-

Abb. 1.5 Infografik zur Facebook-Nutzung in Deutschland. (Quelle: facebook.com)

gen Stimmungen in alle möglichen Richtungen. Diese Inhalte variieren dabei in ihrem Kreativitäts- und Qualitätsgehalt und reichen von privaten Kommentaren über Links zu Videos und Webseiten bis zu hochwertigem Journalismus.

Auch für Unternehmen ergeben sich durch den Stellenwert der sozialen Netzwerke völlig neue Chancen und auch Herausforderungen im Umgang mit ihrer Zielgruppe und dem Marketing. Es sind vermehrt unternehmerische Strategiewechsel in Richtung Transparenz und branchenübergreifenden Beteiligungsformen zu erkennen. Die sozialen Medien bieten die mittlerweile einflussreichste Empfehlungsplattform weltweit. Die Menschen vertrauen den Mitgliedern ihrer jeweiligen Community deutlich mehr als professionellen Kommentaren auf kommerziellen Empfehlungsplattformen. Darüber hinaus werden Social Media auch verstärkt als Suchmaschine genutzt. Unternehmen geraten durch die freiwillige und emotionale Identifikation der Internet-Nutzer mit bestimmten Themen oder Dienstleistung mittels Bewertungen und Empfehlungen in eine vorteilhafte Position: Teure Marketingaktionen werden immer weniger attraktiv und die klassische

Strategie der Mund-zu-Mund-Propaganda wird durch die Online-Empfehlungs-plattformen ergänzt. Die Marketingabteilungen erleben zur Zeit eine Verschiebung von der klassischen Push-Strategie hin zur Pull-Strategie, was bedeutet, dass die Unternehmen relevante Informationen interaktiv in Internetforen erfragen oder mitlesen können (Dapp und Schneider 2011). Die Kommunikation im Social Web ist von Anfang an auf Dialog ausgerichtet. Dementsprechend kommen Unterneh-men weniger in Versuchung, ständig nur plakative Werbebotschaften abzusenden; es fällt ihnen leichter, Inhalte mit einem Mehrwert für den Kunden zu erstellen und einen klaren Nutzen zu produzieren. Dabei ist die Online-Kundenbetreuung immer etwas mehr als der klassische Support. Durch das Entgegenkommen, das Beantworten von Beschwerden und Anfragen auf direktem Weg und das Bereit-stellen von informativen Inhalten sind die Kunden zufrieden, die Kundenbindung wird erhöht und die Loyalität zwischen Kunde und Unternehmen gestärkt (Lange 2013). Die Unternehmen haben die Möglichkeit, sich als Experten für ihr Fachge-biet zu etablieren, indem sie ihren Kunden Informationen rund um das angebotene Produkt bieten. Im Idealfall entsteht so ein Netzwerk rund um die Interessen der Zielgruppe, wodurch das Vertrauen des Kunden zum Unternehmen wächst.

Die wichtigste Währung für Unternehmen im Social Web ist die Reichweite – deren Wachstum steht im Fokus des Social Media Marketings. Der Begriff „Growth Hacking" bezeichnet Taktiken („Hacks") zur Steigerung von für das Unternehmen wichtigen Kennzahlen (Klicks, Unique Visitors, Registrierungen für Newsletter etc). Mittlerweile werden sogar Jobs für sogenannte Growth Hacker ausgeschrie-ben, deren Aufgabe es ist, die Reichweite durch kleine Tricks zu steigern und die Kundengewinnung beziehungsweise -bindung zu erhöhen. Da die Hacks meistens kostenlos sind, setzen vor allem Startups mit einem geringen Marketingbudget auf Growth Hacking.

Erstmalig geprägt wurde der Begriff von Sean Ellis, der unter anderem für das Marketing von Wordpress, Dropbox und Eventbrite. Ellis definiert einen Growth Hacker als „a person whose true north is growth."

Berühmte Beispiele für Growth Hacks sind unter anderem:

- Instagrams Cross-Postings mit Facebook und Twitter
- Airbnbs Integration von Craigslist
- Das Suggested-Friends- beziehungsweise Suggested-Follower-Prinzip von Fa-cebook und Twitter
- PayPal's Weiterempfehlungsprämie
- Hotmails Signatur: In den 1990er Jahren wies der E-Mail Service in den E-Mail Signaturen darauf hin, dass es auf der Webseite gratis E-Mail-Konten gäbe. Dank dieses Hacks konnte Hotmail in nur einem Jahr 12 Mio. neue Accounts verzeichnen.

Die Merkmale der ‚Neuen Medien' (nach Stähler 2002)
- Sie sind aktiv, d. h. sie können selbst agieren
- Sie sind räumlich und zeitlich überall verfügbar
- Sie sind interaktiv (Menschen mit und durch das Medium, Medien untereinander)
- Sie sind multimedial (Text, Bild, Audio, Video)

1.2 Willkommen in der Netzwerkökonomie

The dynamic of our society, and particularly our new economy, will increasingly obey the logic of networks. Understanding how networks work will be the key to understanding how the economy works. (Kevin Kelly, Herausgeber des „Wired Magazine")

Der Einsatz neuer (digitaler) Workflows und Technologien führt neben dem veränderten Informationsfluss auch zu einem Wandel in den zugrundeliegenden Organisationsstrukturen und Business-Modellen. So ist das Web 2.0. beispielsweise eine unerlässliche Infrastruktur für digitale Plattformen und Marktplätze sowie Social Communities. Der Wertschöpfungsprozess von derlei digitalen Gütern, Services und Netzwerken wird dabei vorrangig von drei Faktoren bestimmt: Grenzkosten, die nahezu gegen Null tendieren, Netzwerkeffekten und „Long Tail"-Effekten.

1. Niedrige Grenzkostekn
Die Grenzkosten von digitalen Gütern sind deswegen so niedrig, weil sie problemlos reproduzierbar sind. Obwohl z. B. Online-Plattformen beispielsweise teuer in der Entwicklung sind, tendieren die Kosten für einen weiteren Nutzer-Account quasi gegen Null. Kosten entstehen allenfalls in Bereichen wie Kundenservice oder für Datenübertragung. Das eigentliche Gut, der Zugang, ist aber schnell und wird nahezu kostenneutral zur Verfügung gestellt.

Bei vielen Online-Netzwerken spielt zudem noch ein weiter Faktor eine Rolle: In der Co-Economy kommt es nämlich durchaus vor, dass Nutzer selbst Aufgaben innerhalb der Community übernehmen – beispielsweise auf fehlerhafte oder illegale Inhalte aufmerksam machen oder administrative Funktionen, wie z. B. die eines Community-Moderators, übernehmen. In vielen Fällen liefern sie sogar selbst den Großteil Inhalte. Dieser User-generated Content ist für Plattformen wie YouTube/Google, Facebook oder die Huffington Post neben den Nutzern an sich das zentrale Kapital. Im Tausch dagegen übernehmen sie die Fixkosten für die Entwicklung und den Betrieb der Plattformen.

Auf einzelwirtschaftlicher Ebene führt dieser Effekt der niedrigen Grenzkosten zu einer Stückkostendegression (Skaleneffekt), die sich verstärkt, je geringer die variablen Kosten sind. Was die anschießende Preisgestaltung der digitalen Güter betrifft, so sind digitale Güter nur schwer mit den herkömmlichen Methoden und Strategien vereinbar (Clement und Schreiber 2010). Eine exakt kostenbasierte oder wettbewerbsorientierte Preisgestaltung ist kaum einzuhalten, zumal die hohen Fixkosten gedeckt und strategische Aspekte wie sukzessiver Netzwerk- und Useraufbau berücksichtigt werden müssen. Es geht also zunächst darum, positive Feedbackeffekte zu erzeugen, um einen dominierenden Marktanteil einzunehmen und die Konkurrenz abzuhängen.

2. Netzwerkeffekte

Der Grundgedanke von Netzwerkeffekten im ökonomischen Kontext: Einem Netzwerk oder einer Community beizutreten ist sinnlos für den Nutzer, wenn er dort nicht auf andere Nutzer trifft. Mit jedem weiteren Mitglied steigt entsprechend der Wert des Netzwerks für den einzelnen. Neben solchen Skaleneffekten spielt natürlich die ‚Qualität' der Teilnehmer eine zentrale Rolle. Je mehr ein Community-Mitglied für einen Nutzer als Mehrwert darstellt (beispielsweise im Hinblick auf den Austausch von Wissen oder Fähigkeiten), desto mehr steigt der Wert des Netzwerks. Der Wert eines Netzwerks kann dabei entweder durch eine homogene Ausrichtung steigen (‚spitze' thematische Ausrichtung) oder durch Diversität und Interdisziplinarität gefördert werden.

Ein, wenn nicht sogar der bedeutendste Aspekt von Netzwerkeffekten ist die Eigenschaft der umfassenden Zugänglichkeit. In seinem Artikel „The Age of Access" kündigte Jeremy Rifkin vor einigen Jahren an, dass die Idee vom Besitz, wie wir sie größtenteils noch kennen, in 25 Jahren komplett veraltet sein wird. Zugang zu etwas zu haben, wird nach Rifkin unseren sozialen Status bestimmen – und nicht mehr der reine Besitz (Rifkin 2007). User können heute dank der Netzwerke immer und überall online interagieren, was die Bereitstellung, den Zugang und das Teilen von Ressourcen ermöglicht und erleichtert. Beispiele für diesen gemeinschaftlichen Konsum – für Collaborative Consumption – sind vor allem Phänomene wie Carsharing und oder Plattformen für private Vermietungen wie airbnb. Letzten Endes sprechen wir hier auch immer über den Wert des Zugangs zu Ideen, Wissenspools, Kontakten oder Dienstleistungen.

3. Long-Tail-Effekte

Long-Tail-Effekte gehen auf den gleichnamigen Bestseller von Chris Anderson zurück und beschreiben die Tatsache, dass ein Anbieter im Internet Gewinn machen kann, indem er eine große Anzahl an Nischenprodukten vertreibt. Long-Tail-Effekte fördern zum einen die (Meinungs-) Vielfalt und führen damit zu

einer zunehmenden Demokratisierung der Märkte und der öffentlichen Kommu-
nikationsräume. Neben den positiven Eigenschaften wird aber auch immer wieder Kritik laut, beispielsweise dass die Long-Tail-Theorie anderen ökonomischen
Prinzipien wie der Konzentrations-Bewegung oder dem Pareto-Prinzip (d. h. der
80-20-Regel) widerspreche. Das Long-Tail-Phänomen führt nichtsdestotrotz dazu,
dass es eine größere Variation am Markt gibt. Online gelten in diesem Fall unter
anderen deswegen andere Gesetze, weil geografische Einschränkungen aufgeho-
ben sind. Angebot und Nachfrage begegnen sich statt dessen auf einer virtuellen
Ebene. Anderson beschreibt in seinem Buch drei hauptsächliche Wirkungsmecha-
nismen des Long Tail (Anderson 2007):

- Demokratisierung der Produktionsmittel: Durch immer bessere, günstigere
  Hard- und Software für Endkonsumenten wird die Erstellung von eigenen Spe-
  cial-Interest-Inhalten durch die User vereinfacht und gefördert
- Verknüpfung von Angebot und Nachfrage: Online-Plattformen (z. B. Marktplätze oder Suchmaschinen) schaffen eine unmittelbare Verbindung von Angebot und Nachfrage
- Demokratisierung des Vertriebes: Durch diese neuen Aggregatoren (z. B. Online-Marktplätze wie Ebay oder oDesk) werden langfristig Zugänge erleichtert
  und Distributionskosten gesenkt

Das Prinzip ‚Long Tail' (siehe Abb. 1.6) kann auch im Hinblick auf Wissen und
Fähigkeiten angewandt werden. Während sich auf der einen Seite ein fortlaufender
Trend zum Hyperexpertentum beobachten lässt, gewinnt auch die breite Masse mit
ihrem diversen Wissen und ihren fragmentierten Fähigkeiten an Bedeutung – und
sei es, um einem Unternehmen den vielbeschriebenen Blick über den Tellerrand
zu ermöglichen.

Abb. 1.6 Long-Tail-
Effekte. (Quelle: http://
de.wikipedia.org/wiki/
The_Long_Tail)

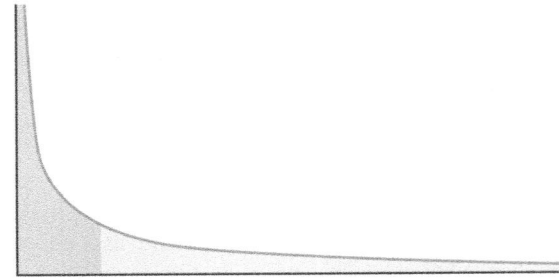

Lessons learned

- Die globale digitale Vernetzung verdichtet sich, daraus entstehen neue Plattformen und Geschäftsmodelle.
- Unabhängig von Zeit und Raum entstehen Möglichkeiten zur Kollaboration und Kooperation.
- Social-Media-Plattformen kommt hierbei eine besondere Bedeutung zu: Sie ermöglichen Zugang zu Wissen und befriedigen das menschliche Bedürfnis nach Kommunikation, Interaktivität und Beteiligung.
- Die sozialen Medien bieten die mittlerweile einflussreichste Empfehlungsplattform weltweit und werden auch von Unternehmen verstärkt zu Marketingzwecken und zur Zielgruppenforschung genutzt.
- Die breite Masse gewinnt mit ihrem diversen Wissen und ihren fragmentierten Fähigkeiten an Bedeutung.

Quellen & Literaturempfehlungen

Allen M (2011) Connectedness: technology, humans and the future. Netcritic. http://www.netcrit.net/connectedness-technology-humans-and-the-future/. Zugegriffen: 9. April 2013

Anderson C (2007) The Long Tail – Der lange Schwanz. Nischenprodukte statt Massenmarkt – Das Geschäft der Zukunft. Carl Hanser Verlag, München

Clement R, Schreiber D (2010) Internet-Ökonomie: Grundlagen und Fallbeispiele der vernetzten Wirtschaft. Springer-Verlag, Berlin

Dapp T, Schneider S (2011) Die digitale Gesellschaft – Neue Wege zu mehr Transparenz, Beteiligung und Innovation. Trendforschung Aktuelle Themen 517. Deutsche Bank Research, Frankfurt a. M. http://www.dbresearch.de/PROD/DBR_INTERNET_DE-PROD/PROD0000000000274079.pdf. Zugegriffen: 29. Jan. 2014

Eimeren B van, Frees B (2013) Ergebnisse der ARD/ZDF Online-Studie 2013. Rasanter Anstieg des Internetkonsums – Onliner fast drei Stunden täglich im Netz. Media Perspektiven. http://www.media-perspektiven.de/uploads/tx_mppublications/0708-2013_Eimeren_Frees_01.pdf. Zugegriffen: 29. Jan. 2014

Kulow T (2013) Facebook veröffentlicht zum ersten Mal tägliche und (tägliche) mobile Nutzerzahlen für Deutschland. Facebook.com. https://www.facebook.com/notes/tina-kulow/facebook-veröffentlicht-zum-ersten-mal-tägliche-und-tägliche-mobile-nutzerzahlen/724769520882236. Zugegriffen: 6. März 2014

Lange M (2013) Social Media Marketing: Wie Unternehmen Facebook und Twitter sinnvoll als Support-Plattform nutzen. t3n. http://t3n.de/magazin/social-media-marketing-facebook-twitter-support-plattform-232043/. Zugegriffen: 29. Jan. 2014

Leadbeater C (2008) We.think: the power of mass creativity. Profile Books, London

Lobo S (2011) S.P.O.N. – Die Mensch-Maschine: Die Verschmelzung der Welten. Spiegel Online. http://www.spiegel.de/netzwelt/web/s-p-o-n-die-mensch-maschine-die-verschmelzung-der-welten-a-776839.html. Zugegriffen: 12. März 2014

Morschhäuser T (2013) Offizielle Facebook-Nutzerzahlen Q3 2013. Social Media Statistik. http://www.socialmediastatistik.de/offizielle-facebook-nutzerzahlen/. Zugegriffen: 19. Feb. 2014

Rifkin J (2007) Access – Das Verschwinden des Eigentums. Warum wir weniger besitzen und mehr ausgeben werden. Campus-Verlag, Frankfurt a. M.

Stähler P (2002) Geschäftsmodelle in der digitalen Ökonomie, 2. Aufl., Vol. 7. Josef Eul Verlag, Lohmar

Stevens M (2011) How much does the internet weigh. YouTube. http://www.youtube.com/watch?v=WaUzu-iksi8&feature=youtu.be. Zugegriffen: 28. Jan. 2013

Weck A (2013) Was in 60 Sekunden im Internet passiert [Infografik]. t3n. http://t3n.de/news/60-sekunden-internet-484021/. Zugegriffen: 28. Jan. 2013

Collaboration

In the long history of humankind (and animal kind, too) those who learned to colla-borate and improvise most effectively have prevailed. (Charles Darwin, britischer Naturforscher)

Der Mensch ist ein soziales Wesen, wir haben gelernt mit anderen zusammen zu leben, uns auszutauschen, gegenseitig zu unterstützen. In der Regel geschieht das nicht aus reinem Altruismus, sondern weil wir gemeinsame Ziele verfolgen und wissen, dass wir gemeinsam schneller dort hinkommen, oder bessere Ergebnisse erzielen, wenn wir unsere Ressourcen und Fähigkeiten kombinieren. Trage ich etwas zum Gemeinwohl bei, dann partizipiere ich gleichermaßen davon. So sind Modelle wie Genossenschaften keineswegs neu, haben aber im Digital-Zeitalter eine Renaissance erfahren. Auf einmal waren der Kollaboration keine räumlichen Grenzen mehr gesetzt. Beste Beispiele sind webbasierte Open-Source-Projekte wie die Wikipedia oder der Firefox Browser, an denen weltweit Menschen arbeiten, um ein Produkt zu schaffen (und zu verbessern), das ihnen selbst und anderen einen Mehrwert verschafft, z. B. einen besseren Zugang zu Informationen.

Kollaboration kann dabei auf ganz unterschiedlichen Ebenen erfolgen, u. a. in Form von gemeinsamer (zeitlich und räumlich verteilter) Arbeit an Aufgaben und Projekten, dem Zusammentragen von Wissen oder der gemeinsamen Ideenentwicklung. In Kap. 3 werden wir einige konkrete Beispiele hierfür anbringen, jetzt möchten wir uns aber zunächst die Grundlagen (digitaler) Kollaboration anschauen und warum bzw. wie genau sie einen Mehrwert schafft.

© Springer Fachmedien Wiesbaden 2014
C. Pelzer, N. Burgard, *Co-Economy: Wertschöpfung im digitalen Zeitalter,*
DOI 10.1007/978-3-658-00955-7_2

2.1   Die Entstehung von kollaborativer Innovation

But the good thing is, with innovation, there isn't a last nugget. Every new thing creates two new questions and two new opportunities. (Jeff Bezos, Amazon-Gründer)

Die in Kap. 1 beschriebenen technischen Grundlagen haben eine Reihe von Möglichkeiten hervorgebracht, die es ermöglichen, kleinere Teams oder größere Gruppen von Usern online zu vernetzen, um in Echtzeit gemeinsam an Projekten oder komplexen Problemlösungen zu arbeiten. Neben klassischen Online-Projektmanagement-Plattformen[1] haben sich in den letzten Jahren auch verschiedene Vorgehensweisen und Tools am Markt herausgebildet, bei denen insbesondere die Interdisziplinarität, also die sehr unterschiedlichen Blickwinkel der Beteiligten, dazu führt, dass Innovationen entstehen. Unternehmen nutzen derlei Ansätze unter anderem, um ihre Mitarbeiter und Kunden in die Entwicklung oder Verbesserung von Produkten und Services mit einzubeziehen und sie gleichzeitig – über diese Integration in ehemals interne Prozesse – stärker an sich und die eigene Marke zu binden.

Daneben gibt es eine Vielzahl an Community-basierten Beispielen, im Rahmen derer kollaborativ Informationen gesammelt, geordnet, verifiziert und der Allgemeinheit zur Verfügung gestellt werden, beispielsweise in Datenbanken oder Wikis. Diese offene Art der Kollaboration fördert Innovationen deswegen, weil sie unterschiedliche Aspekte, Meinungen, Fähigkeiten und Fragestellungen zusammenbringt. Während Online-Zusammenarbeit in ihren Anfängen lediglich in hochspezialisierten Arbeitsumfeldern ein Thema war, stehen digitale Trägermedien für den Austausch von Informationen inzwischen jedem Endverbraucher offen. Kostete im Jahr 1980 beispielsweise ein Gigabyte Speicher noch weit über 400.000 \$, waren es zehn Jahre später rund 11.000 \$ und in 2013 nur noch 0,05 \$.[2] Ebenso sind inzwischen Emailkonten, Instant-Messaging-Systeme und Services wie Dropbox oder Google Docs zum gewohnten wie täglichen Handwerkzeug geworden und erlauben eine völlig neue Form der kreativen (Online-) Zusammenarbeit.

Betrachtet man das Thema Kollaboration zunächst auf einer Metaebene, lassen sich einige simple Regeln festmachen. In seinem Buch „Zusammenarbeit: Was unsere Gesellschaft zusammenhält" fasst Richard Sennett vier Aspekte zusammen,

---

[1] Mashable hat eine umfangreiche Liste von Tools zusammengestellt, die die Online-Zusammenarbeit von Projektteams unterstützen: http://mashable.com/2007/07/22/online-collaboration/

[2] Quelle: Statisticbrain.com

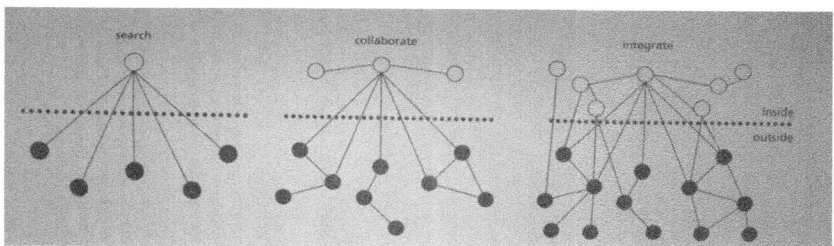

Abb. 2.1 Integration Patterns. (Quelle: Crowdstorm. The Future of Innovation, Ideas, and Problem Solving)

die soziale komplexe Kooperationen im Kreativbereich aufweisen sollten, um erfolgreich zu sein (Sennett 2012):

1. **Dialogisch**
   Die Fähigkeit zuzuhören, ohne dass das Gegenüber etwas sagt; zu erspüren, was die Intention des anderen ist, wenn Sprache nicht mehr effizient ist
2. **Konjunktivische Rede**
   Diese Form der Kommunikation lässt Raum für Mehrdeutigkeit und Interpretationen. Dadurch entsteht Raum für Geselligkeit und alle Meinungen/Standpunkte können miteinbezogen werden.
3. **Informeller Rahmen**
   Improvisation statt Verfolgen eines von vorneherein vorgegebenen Zieles, um den Prozess der Kreativität nicht einzuschränken
4. **Empathie anstatt Sympathie**
   Sympathie ist Identifikation mit uns ähnlichen Individuen, Empathie ist das Verstehen anderer Personen. Sympathie kann in der Zusammenarbeit eher hinderlich wirken, Empathie, also der Versuch, Kollegen, die anders sind, zu verstehen, hingegen Horizont erweiternd.

Implementiert man dies in (gesteuerte) kollaborative Unternehmensprozesse, ergibt sich folgendes Bild (siehe Abb. 2.1): ein integriertes Modell, das interne wie externe Teilnehmer bzw. Beiträge vernetzt (Abrahamson et al. 2013).

Die Autoren haben überdies einen Lifecycle für die Entstehung kollaborativer Innovation entwickelt (siehe Abb. 2.2). Als Motivationsfaktoren für diejenigen, die diesen durchlaufen, nennen sie – neben monetären Anreizen – den Wunsch, ein bestehendes Problem zu lösen und die Anerkennung dafür (z. B. durch die Community).

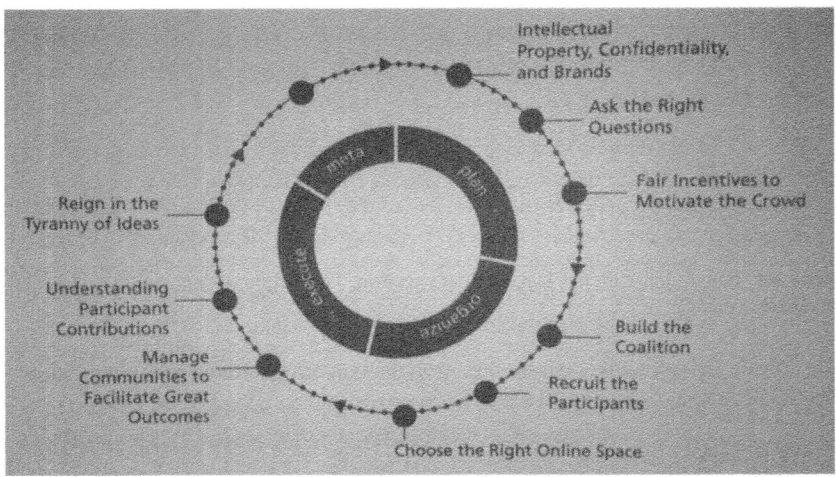

Abb. 2.2 Crowdstorm Lifecycle. (Quelle: Crowdstorm. The Future of Innovation, Ideas, and Problem Solving)

Zudem beziehen sie sich auf die acht Regeln der Nobelpreisgewinnerin Elinor Ostrom, die als Leitfaden für das Management geteilter Ressourcen dienen sollen (Ostrom 1990):

1. **Grenzen zwischen den Nutzern und Ressourcengrenzen**
   Es existieren klare, lokal akzeptierte Grenzen zwischen ‚legitimen Nutzern‘ und ‚Nichtnutzungsberechtigten‘ und klare Grenzen zwischen einem spezifischen Gemeinressourcensystem und einem größeren sozio-ökologischen System.
2. **Die Übereinstimmung mit lokalen Gegebenheiten (Kohärenz)**
   Die Regeln für eine Aneignung und Reproduktion einer Ressource entsprechen den örtlichen Gegebenheiten, sie überfordern dabei die Menschen nicht und sind aufeinander abgestimmt, das bedeutet: sie müssen aufeinander bezogen sein. Die Verteilung der Kosten erfolgt proportional zur Verteilung des Nutzens.
3. **Gemeinschaftliche Entscheidungsfindung**
   Teilnehmer haben Mitspracherecht an den Entscheidungen zur Bestimmung und Änderung der Nutzungsregeln eines Systems.
4. **Monitoring der Nutzer und der Ressourcen**
   Die Überwachung der Ressourcen wird entweder von den Nutzern selbst übernommen oder muss mit den Nutzern geteilt werden.

5. **Abgestufte Sanktionen**

   Die Bestrafung von Regelverletzungen beginnt auf niedrigem Niveau und verschärft sich, sobald ein Nutzer eine Regel mehrfach verletzt hat. Alle Sanktionen sind dabei glaubhaft.

6. **Konfliktlösungsmechanismen**

   Konfliktlösungsmechanismen müssen gleichzeitig schnell, direkt und günstig sein. Es gibt lokale Räume sowohl für die Lösung von Konflikten als auch zwischen den Nutzern sowie Nutzern und Institutionen.

7. **Anerkennung**

   Es ist immer ein Mindestmaß an Anerkennung des Rechtes der Nutzer erforderlich, ihre eigenen Regeln bestimmen zu können.

8. **Eingebettete Institutionen**

   Wenn beispielsweise eine Gemeinressource eng mit einem Ressourcensystem verbunden ist, sind Governance-Strukturen auf mehreren Ebenen miteinander verknüpft.

Sowohl im privaten wie auch im Arbeitsumfeld eröffnen sich damit heute zahlreiche neue Möglichkeiten des kreativen Austauschs und der Zusammenarbeit – zwischen Mitarbeitern, Kunden, anderen Interessensgruppen. Für Unternehmen ist diese Vorgehensweise überaus interessant. Denn diese Gruppen sind oftmals viel näher an den operativen Ebenen und Produkten, als ein Manager es je sein könnte. Sie können die Disruptions-Potenziale des Kerngeschäfts besser einschätzen und dem Unternehmen damit helfen, rechtzeitig zu reagieren. So sind Sales- oder Produktions-Prognosen, die kollaborativ im Unternehmen erstellt wurden, meist präziser, als wenn sie von einer verantwortlichen Person stammen. Die Kollaboration oder die Peer Production ist entsprechend ein Phänomen mit einer großen ökonomischen Reichweite und bietet Unternehmen den Vorteil, das beste zur Verfügung stehende ‚menschliche Kapital' zusammenzufügen (Benkler 2002). Ob wir es nun User-Innovation, Crowdsourcing oder Open Source nennen – das neue kollaborative und digitale Innovationsmodell bedeutet auf jeden Fall Veränderung für ehemals hierarchisch geleitete Unternehmensprozesse.

Beispiel: Kollaboration zwischen Unternehmen und Kunden

Nehmen wir als Beispiel den aktiven Austausch mit dem Endkunden: Unternehmen sind von der Stimme ihrer Kunden abhängig. Das war schon immer so. Doch die aktuellen Veränderungen im Verhalten der Konsumenten, und zwar im Besonderen ihre wachsenden Möglichkeiten zur Mitsprache, verlangen nach Veränderungen in den Unternehmensstrukturen. Die Kunden waren nie unabhängiger als heute, und die meisten von ihnen vertrauen den traditionellen Medien nicht mehr – so glauben nur 7 % der Konsumenten, dass Unternehmen in ihren Werbeanzeigen nicht lügen (Spivey Overby 2006). Sie wollen mit den Anbietern interagieren – und zwar, weil sie es können. Viele Unternehmen sehen diese neue Form der digitalen Interaktion als schwierige Herausforderung oder gar als Bedrohung an, dabei ist der enge Kontakt zu den Kunden vor allem eine große Chance, und zwar eine Chance zur Produktoptimierung. Im Idealfall beziehen sie die Kunden aktiv in den Innovations- und Entstehungsprozess mit ein und erhalten im Gegenzug direkten Einblick in das Kaufverhalten und die Wünsche der Konsumenten.

Die Linie zwischen Produzent und Konsument verschwimmt, und der Kunde spielt eine zunehmend wichtige Rolle bei allen Entscheidungen der Unternehmensprozesse. Obwohl die digitale Vernetzung gerade erst begonnen hat, steht fest, dass Kunden- und Produktbeziehungen in besonderem Maße durch kollaborative Innovationen geprägt sind und zukünftig auch immer mehr sein werden. Kollaborative Innovationen entstehen genau dann, wenn Mitarbeitern, Partnern und Kunden Raum zum Mitgestalten gegeben wird. Innovative Produkte und Dienstleistungen ordnen sich dieser Denkweise zufolge stets dem Kunden unter (Stil 2008). Diese Entwicklung widerspricht zunächst dem grundsätzlichen Prinzip, das an Wirtschaftsschulen unterrichtet wird: Angestellte einer Firma entwickeln Produkte und der Kunde kauft diese. Doch diese Idee verhält sich anachronistisch zum aktuellen Markt (Stadler et al. 2012), denn heute sind Kunden, Unternehmen und Produkte rund um die Uhr und weltweit durch das Netz miteinander verknüpft.

Vor allem auf Sozialen Plattformen wie Facebook geht es schon lange nicht mehr nur um private Vernetzung. Vielmehr ist die Plattform zur größten Einkaufsmeile weltweit geworden. Nirgends können Unternehmen ihren Kunden näher sein und leichter wertvolles Feedback zu ihren Produkten generieren als hier. Heute *können* die Kunden nicht nur auf verschiedenen Kanälen gehört werden, sie *wollen* es vor allem auch. Und sie wollen Teil des Entwicklungsprozesses sein. Das neu erlangte Selbstbewusstsein auf Seiten der Kunden führt dazu, dass sie immer stärker nach einer Individualisierung der Produkte und Dienste verlangen. Der Part des Kunden wandelt sich, er ist jetzt in einer nicht zu unterschätzenden Machtposition (Wuerschmidt 2011), da er online zu jeder Zeit Bewertungen, Produktberichte, Rezessionen und Kritiken loswerden kann – per E-Mail, in Social Communities, in Blogs oder auf den Webseiten. Bietet ein Unternehmen den Usern eine Plattform zur Mitsprache und bezieht es sie im besten Fall durch spannende Konzepte in den Prozess der Produktentwicklung mit ein, wird ein Vertrauensverhältnis zwischen Produzent und Konsument gefördert und die Markenaffinität gesteigert.

2.2   Leitfaden für ‚Structural Collaboration'

Companies are more able to solve all their business issues if they collaborate closely with their consumers. *(Harvard Business Review, englischsprachiges Management-Magazin)*

Steven Van Belleghem und Tom De Ruyck haben ein fünfstufiges Konzept erarbeitet, mit dem strukturelle Kollaborationen ein Erfolg werden. Structural Collaboration bedeutet, dass der Kunde nicht nur in einem Teil des Entstehungsprozesses mit eingebunden ist, sondern in alle Entscheidungsprozesse innerhalb einer Firma: vom Brainstorming über neue mögliche Produkte über Co-Creation der Werbung bis hin zu dem Festsetzen des Verkaufspreises.

1. Die Unternehmenskultur

Es ist wichtig, dass die geplante Kollaboration zu der bereits bestehenden Unternehmenskultur passt – nicht das Unternehmen soll Kollaboration angepasst werden, sondern genau andersherum. Die Veränderung der firmeninternen Strukturen werden nicht auf einmal vollzogen, sondern entwickeln sich langsam. Geht es dem Unternehmen zum Beispiel vor allem um finanziellen Gewinn, sollte eine Co-Creation gesucht werden, die die Effizienz steigert. Oder: Wurden neue Idee bisher von einem Mitarbeiter entwickelt, sollte dieser auch nicht ersetzt werden, sondern lediglich Unterstützung durch die Crowd bekommen. Es ist also wichtig, die Kunden in die Entscheidungsprozesse miteinzubeziehen, ohne die grundlegenden Strukturen des Unternehmens zu ändern. Ist der erste Versuch der Kollaboration geglückt und es werden neue Projekte angegangen, wird sich die Kultur des Unternehmens nach und nach ändern und sich der neuen Mitsprache der Kunden anpassen.

2. Die richtigen Menschen

Natürlich ist nicht jeder Kunde von Wert für den Kollaborationsprozess. Von daher sollten diejenigen Kunden miteinbezogen werden, die aus sich selbst heraus die Motivation haben zu helfen sowie einen starken Bezug zum Unternehmen haben. Außerdem ist es empfehlenswert, mit Kunden zusammenzuarbeiten, die ein bestimmtes Fachwissen mitbringen. Denn die Menschen, die bereits Erfahrung mit den Produkten des Unternehmens haben, geben letztendlich auch Geld für neue Produkte aus.

3. Die aktive Miteinbeziehung des C-Levels

Es reicht nicht, dass die Top-Manager der Firma die Kollaborationsprojekte lediglich unterstützen, sie sollten im besten Fall aktiv in den Prozess miteinbezogen werden. Ansonsten besteht die Gefahr, dass die Führungskräfte trotzdem firmeninterne Entscheidungen durchsetzen, ohne der Stimme der Kunden Gehör zu geben.

4. Die Grenze zwischen interner und externer Kommunikation

Diese Grenze gilt es zu durchbrechen. Wenn die Kollaboration hinter den Firmen-
wänden steckenbleibt, wird nie eine maximale Reichweite erzielt werden.

5. Das Ausmaß abschätzen

Es ist essentiell, das Ausmaß der erforderlichen Arbeitsaufwände im Vorfeld abzu-
schätzen und zwar sowohl firmenintern als auch extern, um ein finanzielles Minus
zu vermeiden (Van Belleghem und De Ruyck 2012).

Dabei ist es nicht nur essentiell, die Ziele im Vorfeld zu definieren und alle
Beteiligten ausreichend in diesen Prozess mit einzubinden. Auch die Erwartungen an das Projekt sollten klar definiert werden. Es ist überdies empfehlenswert,
einen Community Manager einzustellen oder zu ernennen. Diese Person ist verantwortlich für die Kommunikation mit der Crowd. Er oder sie beobachtet Stimmungen, Entwicklungen und Meinungen der Community und übermittelt diese an
das Unternehmen. Auf der anderen Seite teilt er der Community firmeninterne Entwicklungen mit und hält sie generell auf dem Laufenden. Damit eine strukturelle
Kollaboration glücken kann, ist es von enormer Wichtigkeit, dass zunächst eine
mentale Veränderung innerhalb des Unternehmens stattfindet. Erst dann können
auch Prozesse geändert werden. Generell heißt es also: Strukturelle Kollaboration funktioniert entweder ganz oder gar nicht. Werden die Unternehmensprozesse
nicht angepasst, bleibt es bei projektbezogenen Co-Creations und es kommt nicht
zur Structural Collaboration (Van Belleghem und De Ruyck 2012).

Lessons learned

- Gemeinsame Ziele sind der Hauptantrieb für Kollaboration.
- Kollaboration kann heute – dank webbasierter Tools – auf globalem Level
  stattfinden. Die Verfügbarkeit von Speicherplatz fördert die Entwicklung.
- Die offene Art der Kollaboration fördert Innovationen deswegen, weil sie
  unterschiedliche Aspekte, Meinungen, Fähigkeiten und Fragestellungen zusammenbringt.
- Kollaboration kann aus Unternehmenssicht den Austausch mit den Kunden
  fördern und zur Verbesserung bestehender Produkte und Dienstleistungen
  führen.
- Wichtige Faktoren zur strukturellen Kollaboration sind: Die richtigen Teilnehmer, die aktive Miteinbeziehung aller Beteiligten und Entscheider, das
  Durchbrechen von Grenzen zwischen interner und externen Kommunikation
  sowie die klare Definition von Ausmaß und Zielen der Kollaboration.
- Motivationsfaktoren für kollaborative Prozesse sind – neben monetären Anreizen – der Wunsch ein bestehendes Problem zu lösen und die Anerkennung
  dafür (z. B. durch die Community).

Quellen & Literaturempfehlungen

Abrahamson S, Ryder P, Unterberg B (2013) Crowdstorm. The future of innovation, ideas, and problem solving. Wiley, New York

Van Belleghem St, De Ruyck T (2012) From co-creation to collaboration: 5 pillars for business success. Briansolis. http://www.briansolis.com/2012/05/from-co-creation-to-collaboration-5-pillars-for-business-success/. Zugegriffen: 29. Jan. 2014

Benkler Y (2002) Coase's Penguin, or, Linux and the nature of the firm. The Yale Law Journal. http://www.benkler.org/CoasesPenguin.PDF. Zugegriffen: 4. Feb. 2014

Evers R (2006) Customer-Made. Trendwachting. http://trendwatching.com/trends/CUSTOMER-MADE.htm. Zugegriffen: 28. Jan. 2013

NN (2011) The rise of co-working: setting the desk jockeys free. The Economist. http://www.economist.com/node/21542190. Zugegriffen: 31. Jan. 2013

Ostrom E (1990) Governing the commons: the evolution of institutions for collective action. Cambridge University Press, Cambridge

Sennett R (2012) Zusammenarbeit: Was unsere Gesellschaft zusammenhält. Hanser Berlin, Berlin

Spivey Overby C (2006) The essentials of consumer-driven innovation. Best Practices. Forrester Research, Cambridge http://www.clickadvisor.com/downloads/Overby_Essentials_of_Consumer_Driven_innovation.pdf. Zugegriffen: 28. Jan. 2014

Stadler R, Brenner W, Herrmann A (2012) Erfolg im digitalen Zeitalter. Strategien von 17 Spitzenmanagern. F.A.Z.-Institut für Management-, Markt- und Medieninformationen GmbH, Frankfurt a. M.

Stil H (2008) Web 2.0 ohne große Bodenhaftung – Vernetzung von Personen und Funktionen über Web-Kommunikation. Computerwoche. http://www.computerwoche.de/a/web-2-0-ohne-grosse-bodenhaftung,1864509,4. Zugegriffen: 31. Jan. 2013

Wuerschmidt J (2011) Whitepaper: Die Vorteile von Crowdsourcing. Logoindex24. http://www.logoindex24.com/whitepapers/whitepaper_crowdsourcing1.pdf. Zugegriffen: 1. Feb. 2013

Cases

3

Alone we can do so little; together we can do so much. (Helen Keller, US-amerikanische Schriftstellerin)

Die neue kollaborative Ökonomie unterscheidet sich drastisch von klassischen Business-Modellen. Egal ob Produkte, Dienstleistungen oder Wissen – die Form des Austauschs hat sich durch die entsprechenden Online-Plattformen signifikant geändert. In der modernen Shareconomy zählt Zugang weit mehr als Besitz. Menschen teilen sich Büroplätze (Co-Working), Autos (Carsharing) oder Wohnraum (airbnb), sie erzeugen gemeinschaftlichen Mehrwert durch Co-Creation, Crowdsourcing und Open-Innovation-Ansätze. Die Co-Economy ist damit demokratischer, ressourcensparender und transparenter, als das herkömmliche Modell es je sein könnte. Und sie bietet zahlreiche Chancen und Anwendungsmöglichkeiten, die auch für etablierte Unternehmen durchaus interessant sind.

3.1 Die neue Sharing Economy

In the new era, markets are making way for networks, and ownership is steadily being replaced by access. (Jeremy Rifkin, US-amerikanischer Ökonom, Soziologe, Publizist und Gründer der Foundation on Economic Trends)

Zugang statt Besitz: Güter zu teilen wird in unserer heutigen Gesellschaft immer wichtiger und etwas zu besitzen vermehrt als einschränkender Ballast empfunden. Das Bewusstsein für Nachhaltigkeit und Umweltschutz wächst und permanenter

© Springer Fachmedien Wiesbaden 2014
C. Pelzer, N. Burgard, *Co-Economy: Wertschöpfung im digitalen Zeitalter,*
DOI 10.1007/978-3-658-00955-7_3

Konsum ist für viele immer weniger erstrebenswert. Das Zeitalter der sogenannten Sharing Economy (auch: ‚Shareconomy' oder ‚Collaborative Consumption') ist angebrochen und fördert sowohl neue kollaborative Konsumformen als auch neue Lebens- und Arbeitsmodelle. Das Netz ermöglicht und verbreitet diesen Sharing-Trend; der Konsum wird durch soziale Netzwerke und Online-Märkte enorm vereinfacht: Anhand von Peer-to-Peer–Netzwerken wie ebay kann heutzutage jeder zum Händler werden. Das Modell der Shareconomy ist mittlerweile derart bekannt geworden, dass auch große Unternehmen darauf aufmerksam geworden sind und zum Beispiel freistehende Büroflächen und ungenutzte Maschinen jeglicher Art verleihen. Und das sind nur einige wenige Beispiele.

3.1.1   Die Shareconomy als Treiber einer neuen Konsumkultur

Die Shareconomy verheißt: Wenn Menschen nicht mehr uneingeschränkt kaufen und Besitz horten, sondern leihen, tauschen und teilen, können Ressourcen besser genutzt werden und es entstehen, getragen von ökonomischen und nachhaltigen Motiven, neue Geschäftsmodelle und potenziell eine neue Konsumkultur (Botsman und Rogers 2011). Dieser Gedanke ist zunächst nicht neu. Schon in den 70er Jahren wurde ein Nutzen-statt-kaufen-Prinzip gefordert. Damals hat sich die Idee nicht durchgesetzt, da sie den Bedürfnissen der Gesellschaft widersprach (Raeth 2012). Doch heute sieht das ganz anders aus: Die Menschen, die die Shareconomy vorantreiben, sind vor allem diejenigen, die es sowieso schon gewohnt sind, sich virtuell zu vernetzen und Musik, Videoclips, Fotos und persönliches Gedankengut mit ihren Freunden und den Freundesfreunden zu teilen. Der Sharing-Trend ist also bereits fest im heutigen Bewusstsein verankert (Täubner 2013), und es tritt das ein, was Jeremy Rifkin in seinem Buch „The Age Access" angekündigt hat: Die Ära des Eigentums geht zu Ende, das Zeitalter des Zugangs beginnt (Rifkin 2007).

Prozentual gesehen wird folgendes in den USA am meisten geteilt:
- Wohnraum (58 %)
- Arbeitsraum (57 %)
- Nahrungszubereitung (57 %)
- Haushaltszubehör (53 %)
- Kleidung (50 %)
- (Sakaria et al. 2010)

Laut einer airbnb-Studie aus dem Jahr 2012 hat bereits über die Hälfte der deutschen Bevölkerung Erfahrung mit alternativen Besitz- und Konsumformen: 55 % haben auf dem Flohmarkt und 52 % im Internet Dinge von privat verkauft oder gekauft, 29 % ein Auto oder Fahrrad und 28 % eine Privat- oder Ferienwohnung vermietet oder gemietet. 25 % haben seltener genutzte Dinge wie zum Beispiel Gartengeräte gemietet. Geteilten Konsum im Sinne des gemeinsamen Organisierens und Konsumierens über das Internet praktizieren 12 % der Bevölkerung.

Ferner stellt die Studie fest, dass bei den 14 bis 29-Jährigen 25 % Dinge gemeinsam über das Internet organisiert und genutzt haben, aber nur 13 % der 40–49-jährigen, nur 7 % der 50–59-Jährigen und gerade mal 1 % der über 60-Jährigen. Bei anderen Besitz- und Konsumformen, wie der Nutzung von kommerziellen Verleihsystemen oder Geschäfte von privat zu privat, haben die 30–39-Jährigen die höchsten Zustimmungswerte: 88 % dieser Altersgruppe haben bereits im Internet gekauft oder verkauft und 48 % eine Privat- oder Ferienwohnung gemietet oder vermietet (N.n Airbnb 2014).

Eines der wohl bekanntesten Beispiele für das Leihen von Gütern ist Carsharing, ein Modell, das die steigende Wertschätzung des Zugangs besonders verdeutlicht. Vor allem im urbanen Raum gilt ein Auto vor der Garage kaum noch als Statussymbol; der Besitz wird eher als Belastung statt Entlastung empfunden und auch hier steht die Flexibilität der Nutzer im Vordergrund: Ein Auto dann – und zwar nur dann – zu nutzen, wenn man es wirklich braucht, stellt für viele Menschen großen Luxus dar. Carsharing boomt global und auch in Deutschland. Dies zeigt eine Auswertung der Nutzerzahlen des Bundesverbands Carsharing für das Jahr 2013, wonach die Anzahl der Carsharing-Nutzer innerhalb eines Jahres von 453.000 auf 757.000 stieg (Bundesverband CarSharing 2014). Das ist ein Zuwachs von rund 67 % (vgl. Abb. 3.1).

Zunächst wurde die Möglichkeit, Autos zu leihen, hauptsächlich von Privatunternehmen angeboten. Mittlerweile haben jedoch auch große Konzerne realisiert, dass sich das Geschäftsmodell „Auto" wandelt und ihr Geschäftsmodell bröckelt. So bietet unter anderem Daimler das Mietkonzept car2go[1] an und BMW das Äquivalent DriveNow[2]. Die Digitalisierung ist auch hier Treiber: Apps lokalisieren und reservieren die Autos im Umfeld des Users.

Für das Leihen ist Carsharing das zurzeit berühmteste Beispiel – für das Tauschen sind dies zweifelsohne airbnb[3] und Couchsurfing[4], zwei Plattformen für den

---

[1] https://www.car2go.com.
[2] https://de.drive-now.com.
[3] https://www.airbnb.de.
[4] https://www.couchsurfing.org.

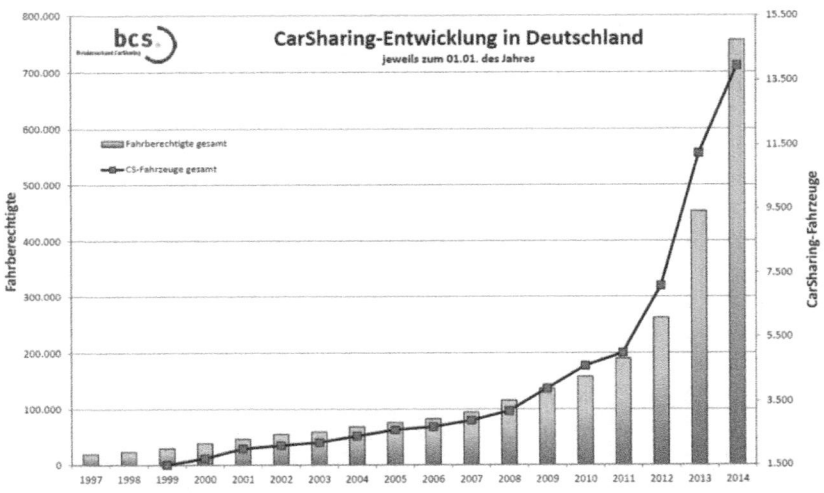

Abb. 3.1 Carsharing-Entwicklung in Deutschland. (Quelle: carsharing.de)

temporären Tausch von Wohnräumen. In Abschn. 3.3 werden wir noch einmal genauer auf einige Beispiele eingehen.

3.1.2 Chancen und Herausforderungen innerhalb der Sharing Economy

Warum soll ich für den Besitz von etwas bezahlen, das ich auch deutlich günstiger
online leihen kann? Dies ist die zentrale Frage in der Shareconomy-Bewegung.
Und mittlerweile machen sich nicht mehr ausschließlich junge Großstädter über
diese Frage Gedanken, sondern auch Unternehmen und Konzerne. Denn auch sie
profitieren angesichts knapper werdender Ressourcen vom Trend des Teilens und
Leihens und wandeln ihre Geschäftsmodelle um – vom Verkaufen zum Mieten: So
werden zum Beispiel eBooks, Musik und Filme großer Marken wie Apple, Kindle
und Microsoft in den dazugehörigen Stores nicht mehr nur zum Kauf, sondern
auch vermehrt zur Ausleihe angeboten. Laut dem Blogartikel „The Sharing Economy vs. The Dominant Model" von William van den Broek dominiert in unserer
aktuellen Gesellschaft noch das ‚Few-to-many' Schema, was bedeutet dass es verhältnismäßig wenige Unternehmen im Vergleich zu der Anzahl von Konsumenten gibt. In der Sharing Economy hingegen herrscht – nach van den Broek – ein,

Many-to-many' Schema (Van den Broek 2013). Setzt sich der Trend der Collaborative Consumption weiter durch, wird sich demnach die Anzahl von Zwischengliedern von Produkt zu Konsument in Zukunft weiter signifikant reduzieren.

Doch noch haben viele Menschen Sorgen, ihre Autos, Wohnungen etc. über das Internet zu leihen oder zu verleihen: Will ich einen Fremden in meiner Wohnung schlafen lassen? Kann mein Auto vom Entleiher gestohlen werden? An dieser Stelle bietet sich der Vergleich zum Online-Shopping an, das vor mittlerweile über 15 Jahren erstmals in Amerika aufkam. Damals waren viele Menschen zunächst besorgt ob der Sicherheit des Online-Einkaufs. Doch diese Bedenken haben sich schnell gelegt, als Unternehmen wie Amazon immer größer wurden und sich rentierten. Auch das Vertrauen in die Shareconomy wird wachsen und sich gleichzeitig ein Markt für immer mehr erfolgreiche Plattformen entwickeln.

Dennoch gibt es auch weiterhin Unsicherheiten und der Bedarf nach Reglement steigt, zum Beispiel im Bereich der Steuerzahlung: Jemand, der seine Wohnung vermietet, muss diese Einnahmen natürlich versteuern, doch wie hoch kann dieser Steuersatz sein? (The Economist 2013). Die besondere Versicherungssituation ist mittlerweile einigen privaten Anbietern von Carsharing bewusst geworden. Viele von ihnen haben sich Versicherungen als Partner hinzu geholt. Auch airbnb reagierte und sichert Schäden und Diebstähle bis zu einer Summe von 50.000 $ ab. Da bei einer Shareconomy-Transaktion über das Internet tatsächlich einige persönliche Informationen der User offengelegt werden, arbeiten viele Anbieter und Unternehmen intensiv daran, die Sicherheit und Identitäten ihrer Community-Mitglieder zu schützen.

Natürlich gibt es auch kritische Stimmen gegenüber der Shareconomy, die zum einen hervorheben, dass das Bedürfnis nach Besitz faktisch überhaupt nicht zurücktreten würde – denn schließlich stünde vor dem Teilen erst einmal das Besitzen. Ohne Besitz kein gemeinschaftlicher Konsum. Nur wer etwas besitzt, kann auch kollaborativ konsumieren. Die Eigentumsverhältnisse ändern sich also nicht wirklich. Darüber hinaus stünde auch das Tauschen und Teilen immer vor dem Hintergrund, etwas haben zu wollen, auch wenn es nur temporär ist. Die Motivation, die die Menschen zu kollaborativem Konsum treibt, sei also nicht annähernd so idealistisch und umweltbewusst, wie es deklariert wird: Vielmehr stünde hier doch auch eher Egoismus im Vordergrund. So sei es zum Beispiel wesentlich einfacher und schonender für das eigene Portemonnaie, sich hin und wieder ein Auto zu leihen, anstatt eins zu kaufen. Auch das Vermieten von Wohnungen über airbnb geschehe hauptsächlich aus dem einfachen Grund, damit einen finanziellen Gewinn zu machen.

Andere Kritiker betonen, dass die Bewegung prinzipiell absolut nichts Neues sei und nur als ‚Megatrend' bezeichnet würde, um das Marketing der Anbieter von

Carsharing, Co-Living etc. anzukurbeln. Tauschbörsen, Second-Hand-Läden und Flohmärkte habe es schließlich schon immer gegeben (Hank und von Petersdorf 2013). Heißt also, die Bereitschaft zum Teilen und Tauschen sei schon immer Teil der Gesellschaft gewesen, und obwohl sie durch das Internet zwar deutlich erleichtert werde, sei sie noch lange keine ‚neuartige' gesellschaftliche Bewegung. Bei dem Trend Shareconomy gehe es letztendlich einfach ums Geld verdienen. So schrieb die Frankfurter Allgemeine Zeitung im Herbst 2013:

> *Und wer sich von den netten Menschen helfen lassen will, die sich in sogenannten Nachbarschaftsnetzen anbieten, findet vor allem Mikrounternehmer, die für ein paar Euro Aufgaben erledigen, die einmal Freundschaftsdienste hießen: Ikearegale zusammenbauen, Fahrräder reparieren, Bilder aufhängen. (Staun 2013)*

Die Wahrheit liegt wahrscheinlich wie immer irgendwo in der Mitte. Fakt ist aber, dass das Verlangen der Nutzer sich von ‚Besitz' zu ‚Zugang' verlagert hat und dass Status-Symbole wie (das Besitzen eines) Autos insbesondere in urbanen Umfeldern überholt sind. Auch ein Trend zur nachhaltigeren Nutzung von raren Ressourcen ist der Generation der jungen Erwachsenen nicht abzusprechen. Ob dies immer altruistische Gründe hat oder der schwachen Wirtschaft in manchen Ländern geschuldet ist, sei hier offen gelassen. Es spielt auch keine Rolle. Viele Innovationen sind bereits aus der Not heraus entstanden, eben weil improvisiert werden musste. So fingen die Griechen zu Beginn der Eurokrise an, ihre Dienstleistungen und Waren in einem parallelen Wirtschaftssystem namens ‚Ovolos' zu tauschen, das funktioniert wie eine Timebank. Nutzer bieten verschiedene Dienstleistungen (Handwerkern, Sprachkurse, etc.) an und bekommen dafür eine Summe in virtueller Währung gut geschrieben, die sie bei anderen Plattformteilnehmern gegen neue Dienstleistungen eintauschen können. Und das nicht etwa, weil die Shareconomy ‚total im Trend' ist, sondern weil es sich in der aktuellen wirtschaftlichen Lage oftmals um eine Notwendigkeit handelt.

3.2 Crowdsourcing als neue Organisationsform

> *Crowdsourcing is the process by which the power of many can be leveraged to accomplish feats that were once the province of a specialized few. (Jeff Howe, US-amerikanischer Journalist)*

Wir können also festhalten, dass in der aktuellen gesellschaftlichen Entwicklung Nutzen statt Besitz wichtiger wird. Doch der Trend der Shareconomy bezieht sich nicht nur auf den gemeinschaftlichen Konsum von Gütern, sondern auch auf das gemeinschaftliche Wissen und die Nutzung personeller Ressourcen. Crowdsourcing beschreibt diesen Prozess des Auslagerns von Arbeits- und Kreativprozessen an die Internetnutzer sowie die Einlagerung von Wissen, Kapital und Zeit aus der Crowd in ein Unternehmen oder eine Organisation.

Der Begriff Crowdsourcing setzt sich aus den zwei Worten ‚Crowd' und ‚Outsourcing'; er wurde erstmals 2006 von Jeff Howe in seinem Wired-Artikel „The Rise of Crowdsourcing" erwähnt und als ein Set von Prinzipien, Prozessen und Plattformen zur Steuerung offener Arbeitsprozesse beschrieben. Howe definiert Crowdsourcing als *„the act of taking a job traditionally performed by employees and outsourcing it to an undefined, generally large group of people in the form of an open call"* (Howe 2006).

Verschiedene Unterkategorien von Crowdsourcing (u. a.)
- Crowdfunding (die Community finanziert gemeinsam ein Projekt)
- Co-Creation (die Community erschafft gemeinsam ein kreatives Werk) oder
- Microworking (die Community erfüllt kleinere (Teil-) Aufgaben wie z. B. Texterkennung, die final wieder zu einem Gesamtergebnis zusammengesetzt werden) (Pelzer 2011)

Die Crowdsourcing-Branche gehört aktuell zu den am schnellsten wachsenden überhaupt. Aufgrund der Entstehung von globalen Kommunikationsnetzen und Plattformen besteht die Möglichkeit, auf eine immer größere Crowd zuzugreifen: eine Global Workforce mit unterschiedlichsten Qualifikationen, die das intellektuelle Kapital verschiedener Kulturkreise in sich vereint. Dank neuer Technologien und Kommunikationssysteme werden Aufgaben und ganze Arbeitsabläufe innerhalb eines Teams aufgeteilt – auch wenn dieses Team räumlich und zeitlich getrennt voneinander arbeitet. Durch Cloud-Services, Flatrates, Micropayment-Lösungen und der zunehmenden mobilen Internetnutzung hat sich eine digitale Infrastruktur mit virtuellem Arbeitsplatz entwickelt (Pelzer et al. 2012). Die Nachfrage nach Crowdsourcing-Dienstleistungen und -Produkten basiert dabei auf sechs entscheidenden Grundprinzipien:

1. Das Wesen der Arbeit wandelt sich und die Komplexität für die Arbeitnehmer und die Anforderungen an ihre technischen und sozialen Kompetenzen steigen.
2. Moderne Kommunikationstechnologien fördern den Übergang von Freizeit und Arbeit.

Tab. 3.1 Die Unterschiede zwischen Crowdsourcing und Outsourcing. Nach Mack 2013

Crowdsourcing	Outsourcing
Global Arbeitskräfte können weltweit sein und sind nicht an einen festen Arbeitsplatz gebunden	*Fester Arbeitsplatz* Lokale Talente/Arbeitskräfte an einem unveränderbaren Ort (Bürokomplex o. ä.)
24/7 Die Crowd ist nicht an feste Arbeitszeiten gebunden und kann sich ihren Stundenplan selbstständig erstellen	*Feste Arbeitsstunden* Die Arbeitskräfte arbeiten oft in Schichten und nach festgelegten Arbeitszeiten
Flexible Arbeiterschaft Experten und wechselnde Gruppen aus Spezialisten arbeiten temporär und unabhängig von Zeit und Ort zusammen	*Feste Arbeiterschaft* Eine feste Belegschaft, die oft mehr Anweisungen braucht als die flexiblem und temporären Experten-Teams
Bezahlung basiert auf dem Output Die Kunden bezahlen für das gelieferte Ergebnis und die Arbeitsabläufe sind transparent und nachvollziehbar für die Klienten	*Bezahlung basiert auf der Belegschaft* Die Bezahlung basiert in den meisten Fällen auf der Anzahl der Mitarbeiter und den Stundensätzen
Keine Gemeinkosten Es gibt keine fixen oder indirekten Kosten	*Fixe Kosten* In diesem Modell gibt es fixe und indirekte Kosten

3. In der Wissens- und Kreativ-Ökonomie werden Produkte durch Ideen, Innovationen und Informationen ersetzt.
4. Arbeitszeiten und Löhne werden flexibler und Humankapital infolge dessen noch wertvoller.
5. Alte Wertschöpfungsketten weichen auf und der Konsument kann sogar in diese eingreifen.
6. Mittels Crowdfunding und Crowdinvesting können Konsumenten Produkte bis zur Produktionsreife finanzieren, noch bevor sie am Markt sind (Pelzer et al. 2012).

Der Einsatz von Crowdsourcing ist dabei nicht zu verwechseln mit klassischen Outsourcing-Mechanismen. Tabelle 3.1 zeigt die Unterschiede zwischen Outsourcing und Crowdsourcing.

Wie aber wird ein Crowdsourcing-Projekt (richtig) geplant und umgesetzt? Das Blog der Harvard Business Review hat eine Liste von Guidelines zusammengestellt, an denen sich derartige Crowdsourcing-Kampagnen orientieren sollten:

1. Die passende Zielgruppe finden
   Crowd ist nicht gleich Crowd – je nach Art und Spezifikation des Projekts sollte der Adressatenkreis durchaus abgesteckt werden. Bei technischen Themen kön-

nen z. B. entsprechende Hochschulen fokussiert bzw. Nutzer nach Interessen-
feldern und Gruppenzugehörigkeiten (z. B. bei Facebook) ausgewählt werden.

2. Klare, unmissverständliche Aussagen treffen
   Es gilt, mit simplen Ausführungen und ohne viele überflüssige Schnörkel das
   Problem zu definieren. Unklare Aufgabenstellungen haben nur ebensolche Ant-
   worten zur Folge. Deswegen gilt: Bringe es auf den Punkt!

3. Definition der Intellectual Property Rights
   Um rechtlichen Unstimmigkeiten von vorn herein aus dem Weg zu gehen, sollte
   ausdrücklich kommuniziert werden, dass das Unternehmen alle Rechte an den
   eingebrachten Ideen besitzt.

4. Motivation der Massen
   Ein finanzieller Anreiz muss nicht der einzige Impuls für die ‚Masse‘ sein. Auch
   persönliches Interesse am Produkt oder Brand Loyalty können durchaus ein
   Argument darstellen. Weitere mögliche Motivationstools sind Produktprämien
   oder Einladungen zu Corporate Events.

5. Aufmerksamkeit schaffen
   Nachdem die Kampagne einmal online steht, sollte sie in jedem Fall weiter
   und auf verschiedenen Wegen und Plattformen beworben werden. Auch hierbei
   immer die eigentliche Zielgruppe im Auge behalten.

6. Professionelle Unterstützung
   Gelingt es als Unternehmen nicht, eigenständig genug Masse innerhalb der
   angestrebten Zielgruppe zu generieren, können professionelle Mittler ein-
   geschaltet werden. Firmen wie *InnoCentive* oder *IdeaConnection* haben sich
   darauf spezialisiert, Crowdsourcing-Kampagnen zu unterstützen, und verfügen
   über einen großen Pool an speziellen Zielgruppen, beispielsweise über Partner-
   schaften mit Universitäten oder Wirtschaftsverbänden.

7. Der berühmte ‚Plan B‘
   Da die Crowd zwar vieles weiß, aber nicht allwissend ist, gibt es natürlich keine
   hundertprozentige Erfolgsgarantie. Jedes Unternehmen sollte dementsprechend
   einen Notfallplan zur Hand haben, um die Aufgaben in letzter Instanz auch
   inhouse lösen zu können (Ekekwe 2010)

3.2.1 Motivation für Crowdsourcing

Ein Kernbestandteil für erfolgreiches Crowdsourcing ist es, die Crowd zu moti-
vieren. In seinem Buch „Drive: The Surprising Truth About What Motivates Us"
erläutert Daniel H. Pink, dass Motivation nicht primär davon abhängt, für unsere
Leistungen belohnt oder entlohnt zu werden. Nach Pink ist das Geheimnis von

hoher Leistung und Zufriedenheit – sowohl bei der Arbeit als auch in der Schu-
le und Zuhause – das menschliche Bedürfnis, sein Leben selbst zu lenken, krea-
tiv zu sein, sich weiterzubilden/-entwickeln und Gutes zu tun (Pink 2011). Beim
Crowdsourcing partizipiert die Crowd freiwillig und wird nicht immer oder nur
davon angespornt, Geld zu verdienen. Sie wird vielmehr durch unterschiedliche
extrinsische und intrinsische Belohnungen motiviert. In seinem Blogbeitrag „Mo-
tivations of the Crowd" hat Peter Organisciak im Jahr 2009 sechs Motivationen für
die Crowd formuliert:

1. **Wissenschaftliches Interesse**
   Das beste Beispiel für diese Motivation ist Wikipedia. Wikipedia ist deshalb
   gewachsen, weil die Nutzer wussten, dass sie von dem System immer weiter
   profitieren – wenn es erfolgreich funktioniert. Die wissenschaftliche Motivation beruht also auf einem ideologischen Blick in die Zukunft.

2. **Wohltätigkeit**
   Der ‚Gute Wille'-Faktor: Es geht ausschließlich darum, eine wohltätige Organisation zu unterstützen, um Gutes zu tun. Vorwiegend werden aktuelle Themen
   wie Menschenrecht, Armut und Klimawandel unterstützt.

3. **Geld**
   Geld ist die direkteste und zunächst stärkste Motivation. Wenn die Bezahlung
   nicht so hoch sein kann (weil sehr viele Menschen teilnehmen), ist auch die
   Auswirkung des monetären Reizes nicht mehr so groß. Ein weiteres Problem
   bei einem bezahlten Crowdsourcing ist, dass die Teilnehmer sich (wenn sie
   bezahlt werden) plötzlich als Arbeiter – und zwar als unterbezahlte Arbeiter –
   fühlen und nur noch so viel Zeit investieren, dass es aus ihrer Sicht wieder zur
   Bezahlung passt.

4. **Spaß oder Langeweile**
   Make it fun! Diese Faktoren greifen besonders, wenn das Crowdsourcing zum
   Beispiel wie ein Spiel aufgebaut ist.

5. **Netzwerk**
   Hier geht es um die Möglichkeit, durch die Teilnahme am Crowdsourcing
   selbst Teil eines kreativen Netzwerkes zu werden, Kontakte zu knüpfen und zu
   interagieren.

6. **Der eigene Nutzen vom Produkt und Interesse am Content**
   Der Content, der durch das Crowdsourcing erschaffen wird, gibt dem Teilnehmer einen direkten Nutzen zurück. Auch hierfür kann Wikipedia als Beispiel
   genommen werden (Organisciak 2008).

Wer sich für darüber hinaus für Crowdsourcing im wissenschaftlichen Kontext interessiert, dem sei die 2013 erschienenen Literaturstudie „Neue Arbeitsorganisation durch Crowdsourcing" der Hans-Böckler-Stiftung (Leimeister und Zogaj 2013) ans Herz gelegt, die einen sehr umfassenden Überblick über den aktuellen Forschungsstand gibt.

3.2.2   Welchen Vorteil hat der Einsatz für Unternehmen?

Wer Crowdsourcing in der Unternehmenspraxis einsetzt, profitiert von ganz unterschiedlichen Vorteilen. Bei vielen Einsatzmöglichkeiten von Crowdsourcing (ausgenommen sind weitestgehend anonymisierte Microtasks) werden die Nutzer z. B. aktiv beteiligt und damit weitaus stärker involviert, als dies bei einem passiven Konsum der Fall wäre. Auch die Flexibilität und erweiterte Innovationskraft sind Argumente, die Crowdsourcing für Unternehmen interessant machen. Grundsätzlichsprechen folgende Punkte für eine Anwendung als Business-Tool:

- Zugang und Austausch von Wissen
- erweiterter Ideenpool (globale Lösungen und neue, innovative Sichtweisen)
- zusätzliche Szenarien (bei Sprach- und Kulturkreisen, Benutzereigenschaften)
- Die Möglichkeit, inhaltlich auf geographische Besonderheiten einzugehen
- Kennenlernen der Bedürfnisse der User
- Kosten- und Ressourcenersparnisse durch Spezialisierung
- flexible Skalierbarkeit von Projekten (Größe anpassen, globale Ressourcenbeschaffung)
- schnelle, unbürokratische On-demand-Lösungen
- auch für nicht automatisierbare Aufgaben geeignet
- erweiterter Marketing-Effekt (Markenbindung durch Involvierung der Nutzer)
- Proof of Concept (und Content)

Auch für Auftragnehmer, sprich Crowdworker, bringt Crowdsourcing diverse Vorteile mit sich. Neben finanziellen Aussichten sind dies vor allen Dingen:

- weitestgehend flexible Zeiteinteilung
- ortsunabhängiges Arbeiten und berufliche Selbstbestimmung
- Ergänzung oder Abwechslung gegenüber dem Erstjob
- eine große (globale) Auswahl an neuen Projekten
- Erfahrungsgewinn, Neugier und erweiterter Lerneffekt
- Ausbau des eigenen Portfolios und Steigerung der Reputation

- neue Kontakte, Austausch mit Auftraggebern und Gleichgesinnten
- Anerkennung (z. B. durch eine Community)
- helfen zu wollen (z. B. bei gemeinnützigen Projekten)
- Spaß an der Arbeit (aufgrund der Tätigkeit oder durch Gamification erzeugt)
- Intrinsische Motivation (der Task trägt zur Verbesserung der eigenen Lebensqualität bei) (Pelzer 2012)

3.3 Beispiel: Vernetzte Arbeits- und Lebensräume

You may say I'm a dreamer, but I'm not the only one. I hope someday you'll join us. And the world will live as one. (John Lennon, Musiker)

Die Art und Weise, wie wir heute leben und arbeiten, hat sich insbesondere in urbanen Umfeldern deutlich geändert. Dort wo der vorhandene Raum knapp und dicht besiedelt ist, sind die Impulse der Co-Economy deutlich stärker ausgeprägt als in eher dünn besiedelten, ländlichen Gebieten. Demnach finden sich dort – in den Städten – auch viele Modelle, die auf die Vernetzung von Lebens- und Arbeitsräumen abzielen: von geteilter Bürofläche (Beispiel: Co-Working) bis hin zu geteilten Wohnungen (Beispiel: Couchsurfing, Airbnb).

3.3.1 Co-Working. Mehr als nur Schreibtischvermietung

High quality value is no longer created in classic offices. Added value is created in different locations, at different times, in changing team constellations and without permanent employment. This new type of work constantly seeks new real and virtual locations. Open, digitally networked and collaborative work places are required which are flexible and serve as incubation platform for network, innovation and production. (betahaus)

Offene Strukturen und flexible Arbeitszeiten: Das zeichnet einen Co-Working Space aus. Prinzipiell jeder kann sich hier einen Arbeitsplatz mieten, in den meisten Fällen ist das ein Schreibtisch mit Internetanschluss plus Postadresse. Wieso? Weil Wertschöpfung heute an unterschiedlichen Orten und zu unterschiedlichen Zeiten und in wechselnden Teamkonstellationen ohne Festanstellung stattfindet. Deswegen brauchen wir offene, digital vernetzte und kollaborative Arbeitsorte, die als Inkubationsplattform für Innovation, Produktion und Netzwerk dienen können. Besonders stark werden die Co-Working Offices von Freelancern oder Startups genutzt. Die Vorteile liegen auf der Hand: Die Menschen wollen konzentriert und produktiv arbeiten und sind in Co-Working Spaces oft weniger abgelenkt als im Home Office oder in Cafés. Gleichzeitig ist die Verknüpfung mit Gleichgesinnten einfacher.

Hier wird interagiert – ob gewollt oder nicht: Die Mieter treten untereinander in Kontakt und bauen sich so automatisch ein professionelles Netzwerk auf. Durch den häufigen Wechsel kommt es zu einem verstärkten Wissenstransfer, der wiederum für neue Impulse im Innovationsprozess sorgt. Dabei fällt das Konkurrenzdenken ganz klar weg, da die Schreibtischnachbarn keine wirklichen Arbeitskollegen und damit mögliche Konkurrenten sind. Es entstehen also flexible Strukturen, die gleichzeitig Plattformen bieten, mit denen die Verhandlungsmacht auf Seiten der selbstständigen Arbeitskräfte erhöht wird (Olma 2011). Besonders attraktiv sind Co-Working Spaces für diejenigen, die in der Kultur- und Kreativwirtschaft arbeiten, was primär natürlich daran liegt, dass in dieser Branche viele freelance tätig sind. Hierarchen sind deutlich weniger ausgeprägt als in vielen anderen Arbeitsbereichen und es wird zunehmend unabhängiger gearbeitet und in Projekten kollaboriert.

Da sowohl die Anzahl der Freelancer als auch die Anzahl der arbeitenden Mütter in den letzten Jahren zugenommen hat, steigt der Bedarf nach flexiblen Arbeitszeiten und -orten (Dapp und Ehmer 2011). Co-Working Spaces bieten genau diese physischen Arbeitsplätze – und sind somit Ausdruck des fortschreitenden Einflusses der Digitalisierung der Arbeit auf die physische Arbeitswelt. Das Prinzip Co-Working an sich ist allerdings kein valides Geschäftsmodell. Die Betreiber der Spaces müssen in den meisten Fällen mit Unternehmen kooperieren, die Räume zum Beispiel für Workshops und Tagungen vermieten und Beratungen anbieten, um sich finanzieren zu können.

Co-Working-Facts
- Es gibt heute 2498 Co-Working Spaces in 80 Ländern.
- In Deutschland sind es 222 Spaces; davon haben
- 80 ihren Sitz in Berlin.
- Die jüngsten Co-Working Spaces eröffneten im Jahr 2013 in Jordanien und im Senegal.
- Der Preis für einen Schreibtisch beginnt in Deutschland bei 10 € (Janson 2013)

Eine sehr schöne Übersicht der Co-Working Spaces weltweit gibt es online auf der Global Coworking Map (http://coworkingmap.org), siehe Abb. 3.2.

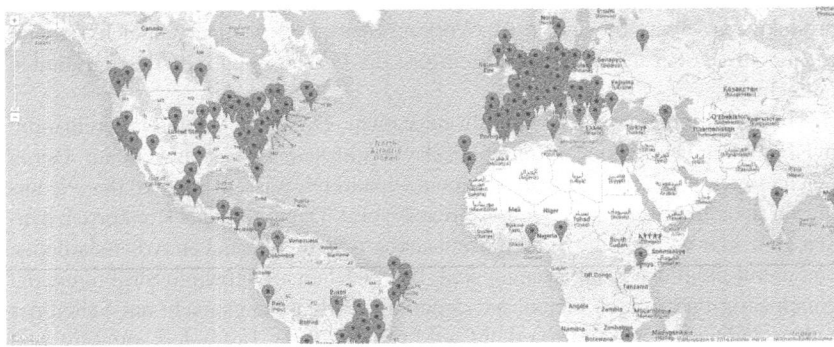

Abb. 3.2 Global Co-Working Space. (Quelle: coworkingmap.org)

In neun Schritten zum offenen Workplace:
1. Find common ground
2. Build a toolkit
3. Set boundaries
4. Capitalize on cultural differences
5. Invigorate your training
6. Dig a productivity channel
7. Recast employees as messengers
8. Expand your tribe
9. Feed your customers (Fenech 2013)

Drei Beispiele für Co-Working Spaces mit ganz verschiedenen Modellen und Ausrichtungen in Europa sind das Betahaus[5] und das Places[6] in Deutschland sowie Seats2Meet[7] in den Niederlanden:

Betahaus
Beta – das bedeutet Permanenz des Unvollendeten und des ständigen Experimentierens – die besten Voraussetzungen für einen Co-Working Space. Am 01. April 2009 wurde das erste betahaus in Berlin von Geschäftsführer Christoph Fahle eröffnet und bald darauf folgten weitere in Hamburg, Sofia und Barcelona. Außer-

---

[5] www.betahaus.com.
[6] http://www.places-hamburg.de.
[7] http://www.seats2meet.com.

dem gibt es Pläne für Häuser in Zürich und Lissabon. Das betahaus Berlin teilt sich in die vier Bereiche Mitgliedschaften, Veranstaltungen, Gastronomie und Education. Heute nutzen in Berlin 280 Gründer und Freelancer die mittlerweile 2500 Quadratmeter des Co-Working Spaces.

Places

Am 01. November 2012 hat der Co-Working Space Places in Hamburg eröffnet. Auf etwas mehr als 600 qm werden verschiedene Arbeitsbereiche für unterschiedliche Bedürfnisse angeboten: vom Open Space über die sogenannten Work Boxes bis zu Einzel- und Doppelbüros. Darüber hinaus bietet Places einen Quiet Room, ein Schlafplätzchen für Powernaps, einen Konferenztisch, einen großen Konferenzraum („Green Room") und ein Kino („Club Charles"). Das Kino hat 16 Sitzplätze und kann sowohl für geschäftliche Veranstaltungen (z. B. zur Vorführung eines neuen Imagefilms) als auch privat genutzt werden. Diese Mischung liegt ganz im Sinn der beiden Geschäftsführer Achim Schulz und Heino Weber, die nach eigener Aussage wollen, dass „*alles möglich ist*".

Seats2Meet Utrecht

Wissen als Bezahlung: Im Co-Working Space Seats2Meet in Utrecht, Niederlande, ist der Gegenwert für Arbeitsräume kein Geld, sondern (Fach-) Wissen. Social Capital wird dieses Know-how hier genannt. Der Co-Working Space stellt Büro-Meetingräume o. Ä. zur Verfügung (Added Value), die die Besucher mieten können. Die Nutzer willigen im Gegenzug ein, sowohl online (durch Einchecken) als auch in der Location selbst für die anderen Benutzer zur Ansprache zur Verfügung zu stehen. So wird das Wissen den anderen Mietern – der temporären Community – bereitgestellt. Sebastian Olma beschreibt dieses Konzept als Serendipity Maschine (Olma 2011): Serendipity bedeutet glücklicher Zufall. Seats2Meet forciert in diesem Sinne den glücklichen Zufall, neue bereichernde Business-Kontakte knüpfen zu können. Auf dieses Thema gehen wir auch noch einmal genauer in Abschn. 4.2.2 ein.

3.3.2 Co-Living. Meine Wohnung, deine Wohnung

Die Sharing-basierten Business-Modelle beschränken sich nicht nur auf das persönliche Arbeitsumfeld – auch im Privaten wird inzwischen Raum geteilt. Was schon vor Jahren mit ‚Couchsurfen' unter Backpackern und Studenten begann und damals noch kostenlos war, ist heute zu einer eigenen kleinen Industrie herangewachsen, die längst dem klassischen Hotelgewerbe Konkurrenz macht.[8] Auf Plattformen wie airbnb oder 9flats vermieten Privatpersonen, aber inzwischen auch immer mehr gewerbliche Anbieter ihre Zimmer, Wohnung und Häuser – in Teilen motiviert durch finanzielle Gründe, manche aber auch, weil sie internationale Gesellschaft schätzen (vergleichbar mit der Couchsurfing-Klientel). Besonders stark nachgefragt werden diese Angebote für Städtetrips, indem sie eine günstige und persönlichere Alternative zur Hotelbuchung darstellen. Ein signifikanter Unterschied zum klassischen Hotelgewerbe: Anbieter einer Unterkunft müssen nicht jeden Gast annehmen, sondern können sich über User-Profile und Bewertungen zunächst ein Bild des potenziellen Gastes machen, bevor sie die Buchungsanfrage akzeptieren.

Auswahl Co-Living Plattformen
- Airbnb
- 9flats
- housetrip
- Wimdu
- Roomorama
- iStopOver
- Localo
- FlipKey
- HomeAway
- TravelRent.com
- FlatClub

Insbesondere solche User, die in großem Stil Übernachtungsmöglichkeiten über die Plattformen anbieten, sind Hotellerie und Finanzämtern (die zu Beginn schlichtweg bezüglich der Einnahmen übergangen wurden) längst ein Dorn im Auge. Gegner dieses Business-Modells argumentieren, dass die Kurzzeitvermietungen Wohneinheiten blockieren und unnötig verteuern würden, die für den überlaufenen Wohnungsmarkt dringend gebraucht würden. Andere halten dagegen, diese Stimmen seien von der Hotellobby gekauft: *„Indeed, of the roughly 1,8 Million residential units in Berlin, no more than 12.000 are used as vacation accommodations."* (Tietz 2013). Die Stadt München hat sogar Strafen von bis zu 50.000 € eingeführt für ‚illegale' Vermietungen, die jedoch nur schwer nachweisbar sind. Fest steht

---

[8] Siehe hierzu auch: http://www.huffingtonpost.de/2014/04/23/airbnb-gericht_n_5197089. html?ncid=fcbklnkushpmg00000071.

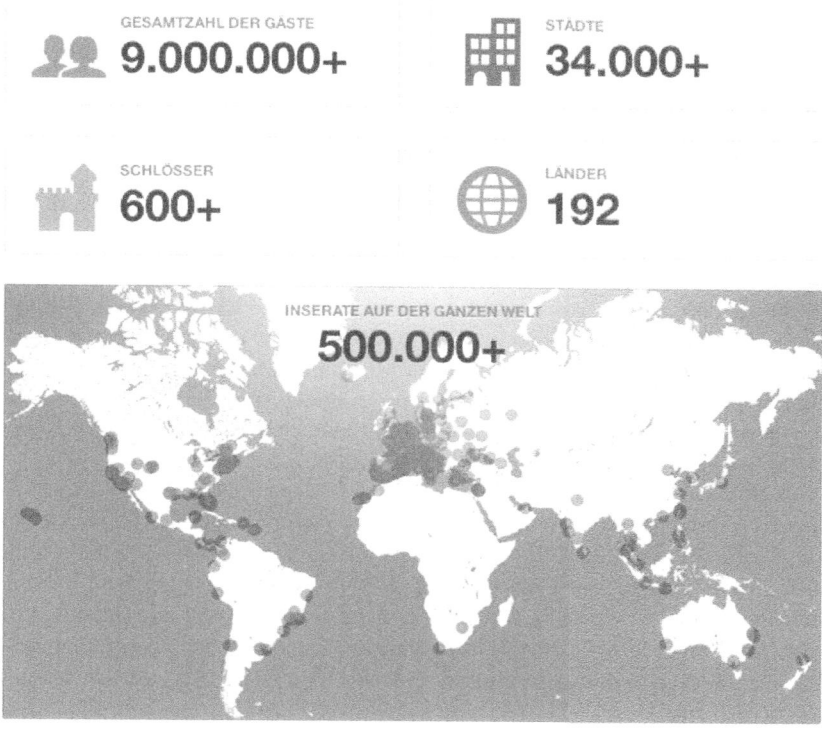

Abb. 3.3 Airbnb in Zahlen. (Quelle: airbnb.com)

jedoch: Mit einer gut gelegenen Wohnung in gehobener Ausstattung können bei konstanter Vermietung via airbnb monatlich zwischen 1500 und 3000 € eingenommen werden (ibid).

Das freut auch die Plattformen, die sich über anteilige Servicegebühren finanzieren. So erhebt airbnb beispielsweise gegenüber Gästen 6–12 % und gegenüber Gastgebern 3 % der Buchungssumme. Laut Forbes erwirtschaftete die Plattform alles in allem zuletzt einen jährlichen Revenue von 150 Mio. $ (Tietz 2013). Zudem haben die Gründer über die letzten Jahre 320 Mio. Funding für den Auf- und Ausbau der Plattform gesammelt.[9] Von allen am Markt befindlichen Anbietern hat airbnb damit die anderen längst abgehängt. In Zahlen sind das fast 10 Mio. Übernachtungen, 550.000 Immobilien und 192 Länder. Ein Trend, der sich kaum stoppen lassen wird – auch nicht von der Hotelindustrie (siehe Abb. 3.3).

---

[9] Vgl. http://www.crunchbase.com/company/airbnb.

3.4   Beispiel: Vernetztes Wissen

Share your knowledge. It's a way to achieve immortality. (Dalai Lama)

Auch beim Thema ‚Wissen' zeigt sich ganz klar ein Unterschied in alter und neuer Denkweise: In hierarchischen Strukturen wurde Wissen oftmals noch als persönlicher Besitz gesehen, der eine Vormachtstellung innerhalb der Organisation garantierte. In einer neuen, vernetzten Denkweise wird hingegen der Mehrwert erkannt, der (für die gesamte Gemeinschaft oder Organisation) entsteht, sobald Wissen geteilt und mit dem der anderen kombiniert wird.

Der Zugang zu und Austausch von Wissen hat damit inzwischen nicht nur unseren Alltag erleichtert, sondern ist auch für die Wettbewerbsfähigkeit von Organisationen essentiell. Die Zeiten, in denen Mitarbeiter bis zur Rente in einem Unternehmen bleiben, sind lange vorbei, umso wichtiger ist es für Unternehmen, ihr Wissen und ihre Erfahrungen zu bewahren und anderen Mitarbeitern (und Kunden/ Usern) zugänglich zu machen.

Auch hat sich der Zugang zu Wissen geändert. Von einfachen ‚How to'-Anleitungen bis hin zu kompletten Vorlesungen (u. a. von renommierten Universitäten wie dem MIT) findet sich alles – meist frei zugänglich – im Netz. Die Bedeutung eben dieses Zugangs wird nicht zuletzt deswegen weiter zunehmen, weil sich die Geschwindigkeit vervielfacht hat, mit der neue Themen und Fertigkeiten (z. B. neue Hardware, Software, Programmiersprachen) entstehen und nachgefragt werden. Damit müssen selbst diejenigen am Ball bleiben, die längt der Universität entwachsen sind.

3.4.1   Co-Learning

Auch im Bildungsumfeld haben sich inzwischen verschiedene Online-Angebote herausgebildet, deren Geschäftsmodell auf das Teilen und Erwerben von Wissen abzielt. Eine durchaus strategische Entscheidung für die Anbieter: Nachdem der Arbeitsmarkt zunehmend differenzierter geworden ist, erleben wir eine Anpassung der entsprechenden Bildungsinhalte. E-learning-Plattformen wie Udacity oder die deutsche Variante iversity.org bieten ‚Massive Open Online Courses' (kurz MOOCs) an, an denen viele Tausend Studenten gleichzeitig teilnehmen können. Auch hier kommt der ‚Long Tail' zum Einsatz, denn auf diese Weise wird es möglich, auch Nischen-Inhalte zu lehren, und zwar weltweit. So haben beispielsweise über 70.000 Interessierte via Iversity am englischsprachigen MOOC-Kurs ‚The Future of Storytelling' der FH Potsdam teilgenommen.

Bislang sind die Angebote der meisten Plattformen ohne Zulassungsbeschränkung und kostenfrei nutzbar. Zumeist handelt es sich dabei um Video-Inhalte, ergänzende Materialien zum Download und entsprechende Foren für Rückfragen (die größtenteils von der Community selbst betreut werden). Einige Plattformen bieten bereits Online-Abschlussprüfungen an und manche arbeiten an der Kooperation mit Test-Centern, in denen die Klausuren auch ganz offiziell und verifiziert abgelegt werden können.

Ob sich hier ein valides Business-Modell aufbauen lässt, ist schwer zu prognostizieren, zumal in Deutschland – im Vergleich zu anderen Märkten wie den USA – die Zahlungsbereitschaft für Bildungsinhalte bisweilen eher gering ausgeprägt ist. Bislang sind die MOOC-Angebote noch etwas für diejenigen Nutzer, die sich privat weiterbilden wollen bzw. die Kurse als eine Ergänzung ihres eigentlichen Studien-Schwerpunkts sehen. Zukünftig könnten diese Ansätze aber integraler Bestandteil unseres bisherigen Bildungssystems werden. Einen Überblick über die verschiedenen Angebote findet sich auf der Website der Europäischen Kommission: http://openeducationeuropa.eu/de

Einen etwas anderen Ansatz des vernetzen Lernens hat der Online-Sprachkurs-Anbieter Duolingo, der mit dem Slogan „Learn a new language while simultaneously translating the web" wirbt. Das Ganze funktioniert so: Wenn jemand eine Übersetzung braucht, lädt er sie auf Duolingo hoch, und die Community kann die jeweilige Sprache üben, indem sie das Dokument übersetzt. Wenn das Dokument vollständig übersetzt ist, sendet Duolingo es zurück an den ursprünglichen Besitzer, der die Übersetzung, je nach Inhalt, bezahlt. Qualitätskontrolle erfolgt ganz automatisch, indem ein Text parallel mehreren Usern vorgelegt wird.

3.4.2 Open Journalism

User-generated Content und vernetztes Wissen bieten auch dem Journalismus zahlreiche neue Möglichkeiten. Allerdings gibt in Deutschland erst wenig Redaktionen, die diese Möglichkeiten erfolgreich nutzen. International ist The Guardian Vorreiter auf dem Feld Open Journalism und setzt seit Jahren auf das Konzept ‚Online First.' Besonders hervorzuheben ist hier die App GuardianWitness.[10] Dort veröffentlichen Zeugen eines Ereignisses ihre Videos, Fotos und Reports, was dazu führt, dass die ‚The Guardian'-Redaktion oft deutlich schneller über Geschichten berichtet als andere.

---

[10] https://witness.theguardian.com.

Eines der Beispiele in Deutschland ist der von Stefan Niggemeier gegründete Bildblog[11], auf dem die Leser dazu aufgeforderten werden, Hinweise zu medialen Fehlleistungen einzusenden – ob anonym oder nicht, kann derjenige, der einsendet, selbst entscheiden. Ein weiteres Beispiel ist der anonyme Briefkasten der WAZ[12]: Hier können Informationen und Dokumente zu spannenden Geschichten eingereicht werden sowie Anregungen für Themen, die aufgeklärt oder näher betrachtet werden sollen. Auch die Süddeutsche Zeitung bindet ihre Leser mit ‚Die Recherche'[13] in den Entstehungsprozess eines Beitrages ein, da die Leser ab sofort bestimmen, mit welchem Thema sich die Journalisten für einen Monat beschäftigen sollen und auch welche Beiträge letztendlich überhaupt erscheinen. Ein etwas anderes Beispiel für Crowdsourcing im Journalismus ist die Content-Plattform ‚Die Redaktion'[14]. Über diese Crowdsourcing-Plattform werden journalistische Texte vertrieben: Die Journalisten oder Verlage bieten ihre Arbeiten an und andere Verlage oder Unternehmen können diese dann erwerben (Oswald 2011).

Wollen die Leser denn wirklich auch bei einer Zeitung immer mitreden? In der Forschung wird diesbezüglich derzeit von einer 1-9-90-Aufteilung ausgegangen. Demnach will 1 % der Bevölkerung aktiv mitgestalten und Ideen umsetzen, 9 % geben Feedback in Form von Lob oder Kritik und 90 % sind zufrieden in ihrer Rolle als Beobachter (Fischer 2013). Obwohl 10 % zunächst wenig erscheinen mag, sind jedoch genau diese 10 % sehr wichtig, da durch die Interaktion eben der direkte Einblick in die Bedürfnisse der Zielgruppe gewonnen wird, den wir bereits erläutert haben. Und auch die anderen 90 % der Rezipienten sind nicht zu unterschätzen: Denn obwohl sie nicht aktiv mitreden, haben sie dennoch das Gefühl, dass sie es jederzeit könnten und dass sie dann auch gehört würden. Ein Merksatz für den offenen Journalismus ist demnach: Menschen vertrauen Menschen. Und die Leser wollen das Gefühl haben, mitreden zu können und vor allem gehört zu werden.

10 Charakteristika des offenen Journalismus
Guardian-Chefredakteur Alan Rusbridger hat folgende 10 Charakteristika des offenen Journalismus formuliert:
- ermutigt zur Teilhabe
- reagiert auf Leserkommentare

---

[11] http://www.bildblog.de.
[12] http://www.derwesten-recherche.org.
[13] http://www.sueddeutsche.de/thema/Die_Recherche.
[14] http://www.dieredaktion.de/.

- beteiligt die Leser schon bei der Entstehung von Themen und Recherche
- bildet verschiedene Interessengemeinschaften
- begreift sich als Teil des Internets
- aggregiert und kuratiert
- erkennt an, dass Journalisten nicht die einzige Autorität sind
- bemüht sich um Vielfalt von Standpunkten
- erkennt an, dass die Veröffentlichung der Anfang ist und nicht das Ende
- ist offen gegenüber Korrekturen und Richtigstellungen (Hein 2012)

3.4.3   Wissens- und Datensammlungen

Mit Verfügbarkeit der entsprechenden digitalen Zugänge und Plattformen haben sich im Netz verschiedene Wege etabliert, über die Nutzer untereinander Wissen und Informationen austauschen können. Foren und webbasierte Wissenssammlungen bilden dabei die Grundlagen, die von der User-Community befüllt und kuratiert werden.

Zusammenfassend basieren Wissens- und Datensammlungen auf folgendem:

- einer technologischen Organisationskultur
- dem nötigen Maß an Vertrauen und Transparenz
- Incentives, wie z. B. Anerkennung durch die Community

Inhaltlich wird zunächst unterschieden zwischen ‚explizitem‘ und ‚implizitem‘ teilbaren Wissen (letzteres wird im englischen Sprachraum auch als Tacit Knowledge bezeichnet). Bukowitz und Williams (1999) definieren in diesem Zusammenhang folgende Kriterien für das Teilen von explizitem Wissen:

- Articulation (der ‚Wissensinhaber‘ ist in der Lage, die Informationen zu beschreiben)
- Awareness (der ‚Wissensempfänger‘ muss sich im Klaren sein, dass die Informationen überhaupt existent sind)
- Access (der Wissensempfänger muss Zugang zum Wissen haben)
- Guidance (die Wissenssammlung braucht eine angemessene (Infra-)Struktur und muss kuratiert werden)
- Completeness (ein holistischer Ansatz und die Kombination von zentral gemanagetem und selbst-publiziertem Wissen)

Bei implizitem Wissen dagegen handelt es sich um solches Wissen, das in jemandem steckt, ohne dass dieser es artikulieren kann – so z. B. eine bestimmte Fähigkeit wie Fahrradfahren.[15] Nach Bukowitz und Williams (1999) tragen folgende drei Kriterien zum erfolgreichen Austausch von implizitem Wissen bei:

*   informelle Netzwerke, die tägliche Interaktionen zwischen Menschen ermöglichen (im privaten oder beruflichen Umfeld)
*   das entsprechende Umfeld (Space), das offene Diskussionen und das Entstehen von informellen Netzwerken fördert
*   wenig strukturierte oder experimentelle Arbeitspraktiken, die ‚Creative Problem Solving' und Netzwerkbildung unterstützen

Knowledge Sharing, oder anders ausgedrückt ‚ein freier Fluss von Wissen und Informationen' innerhalb von Communities oder Organisationen, ist inzwischen zu einem bedeutenden Faktor und Wettbewerbsvorteil geworden. Ob in offenen Foren, betrieblichen Knowledge-Management-Systemen oder auf anderen Plattformen – das Ganze lebt mit und von den Inhalten, die von der Community erstellt werden, und von der Nutzerfreundlichkeit der Infrastruktur.

Beispiel: Quora
Ein Beispiel für Wissenssammlungen im Netz ist der digitale Auskunftsdienst Quora, gegründet (u. a. von zwei ehemaligen Facebook-Mitarbeitern) im Juni 2009 und seit Juni 2010 öffentlich zugänglich. Quroa funktioniert dabei ganz ähnlich dem Follower-Prinzip von Twitter. Man folgt allerdings nicht nur einzelnen Nutzern, sondern vor allem Themen und Fragen, die interessieren. Die Fragen und Diskussionen sind Mini-Blogeinträge und werden entsprechend verschlagwortet.

Beispiel: Wikis
Das Wort ‚Wiki' ist Hawaiisch, bedeutet ‚schnell' und ist ein Oberbegriff für Hypertext-Systeme, deren Inhalte von den Usern sowohl gelesen als auch direkt im Browser geändert werden können. Die bekannteste Wiki-Anwendung ist sicherlich die Online-Enzyklopädie Wikipedia, daneben gibt es aber auch noch viele weitere. Neben dem Einsatz als öffentlich zugängliche Informationssammlung setzen auch immer mehr Unternehmen Wikis zu internen Zwecken ein. Wesentliche Funktion von vielen Wikis ist die Versionsverwaltung, mit der eine frühere Version der Seite schnell wiederhergestellt werden kann. Die einzelnen Seiten sind dabei durch Querverweise miteinander verbunden. Auch offene Systeme wie Wikis benötigen

---

[15] Beispiel: Jemand der Fahrradfahren kann, wird wahrscheinlich kaum in der Lage sein, dieses Wissen so zu artikulieren, dass er es jemandem direkt vermitteln kann.

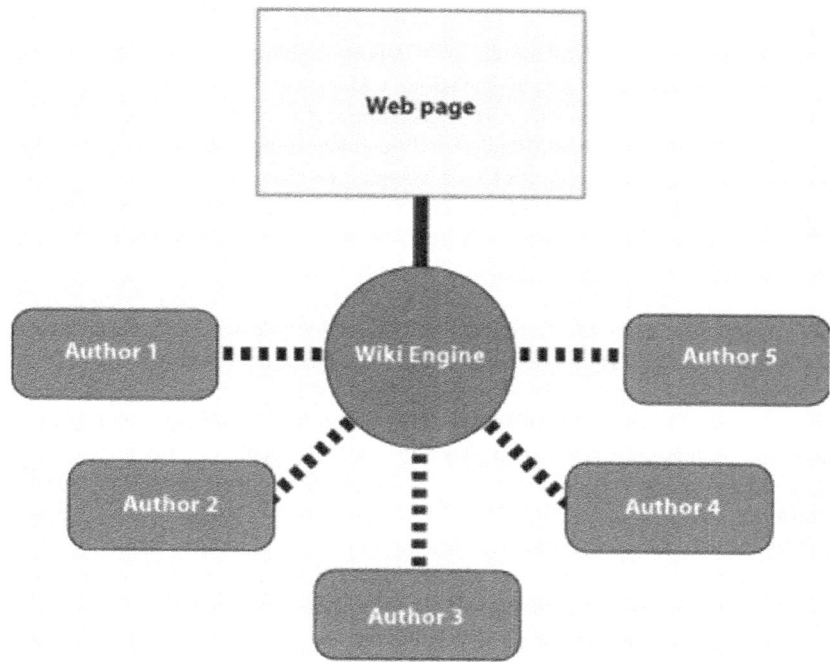

Abb. 3.4 Wiki Engine. (Quelle: http://recap.ltd.uk/Web2/wikis.php)

dabei Kuratier-Funktionen, um die Qualität der Inhalte zu gewährleisten. Selbst vermeintlich offene Plattformen wie die Wikipedia verfügen deswegen über eine gewisse Hierarchie unter den Autoren (je nach Menge der Beiträge etc.), in vielerlei Hinsicht reguliert die Community sich allerdings auch selbst – indem beispielsweise falsche Einträge gemeldet oder korrigiert werden (siehe Abb. 3.4).

Möglicher Einsatz von Wikis im unternehmensinternen Gebrauch

- Produktbeschreibungen
- Anwenderhandbücher
- Qualitäts-Richtlinien
- Service-Dokumentation
- Produktideen und Feedback
- Reporting-Funktionen
- Allgemeines Markt- und Branchenwissen
- Vertriebssupport
- Team-Funktionen (Intranet)

Data Mapping

Eine weitere Form von kollaborativer Wissenssammlung ist das ‚Mappen' von Daten und Informationen. Neben Open Source Maps wie Openstreetmap.org[16] oder Wheelmap.org[17] beteiligen sich z. B. regelmäßig viele freiwillige Helfer an Crisis-mapping-Projekten. Hochauflösende Satellitenbilder dienen hier als Vorlage. Eine der bekanntesten Plattformen für Crisis Mapping ist Ushahidi (übersetzt: Zeugenaussage). Die Plattform entstand in Kenia nach den Ausschreitungen während der Präsidentschaftswahl 2008, um die vorherrschende Gewalt zu dokumentieren. Per SMS oder E-Mail konnten Zeugen ihre Berichte einreichen, eine Software ordnete diesen Orte auf einer Karte zu und schickte die Informationen zur Prüfung auch an Hilfsorganisationen. Die Software von Ushahidi wurde seitdem mehrfach nach Katastrophen z. B. in Haiti oder Chile eingesetzt, um einen Überblick der Lage zu schaffen und Hilfe zu koordinieren. Einige Jahre später sorgte eine andere Plattform namens ‚Tomnod' für Aufsehen, mittels derer die Crowd per Satellitenfotos nach der vermissten Air Malaysia Maschine MH370 suchte. Laut den Betreibern der Seite gab es seit Freischaltung bis zu 100.000 Seitenaufrufe pro Minute auf der Plattform.

Das Prinzip des Crowd-basierten Mappings funktioniert dabei immer ähnlich. Ob zur Hilfe oder Aufklärung bei Krisen, zur Verbesserung der Genauigkeit von Karten, vom Mapping ganz kleiner lokaler Probleme (z. B. Schlaglöcher oder defekte Straßenlaternen) bis hin zur Durchforstung des Weltalls nach Hinweisen auf außerterrestrisches Leben (z. B. SETI Projekt) – viele Augen sehen mehr als zwei und viele Menschen wissen mehr als wenige. Inzwischen haben wir die Tools und Möglichkeiten, dieses Wissen ganz einfach zusammenzutragen und zu teilen.

3.4.4 Open Innovation und Co-Creation

Innovationsprozesse gehen heute längst über die Grenzen von Unternehmen hinaus. Open Innovation und Co-Creation sorgen dafür, dass jeder die Möglichkeit hat, etwas zum finalen Produkt beizutragen. Impulse können hier sowohl von außen als auch von innen kommen: Ein gemeinsames Brainstorming der Crowd; ein Crowdstorm. Abbildung 3.5 verdeutlicht den Unterschied zwischen einer offenen und einer geschlossenen Innovation.

---

[16] Im Jahr 2004 ist das Projekt OpenStreetMap als Alternative zu Anbietern wie Google Maps gestartet – mittlerweile werden die OpenSource-Informationen auch verstärkt im Bereich des öffentlichen Personenverkehrs genutzt.

[17] Auf Wheelmap.org sammelt die Community Informationen zur Rollstuhlzugänglichkeit öffentlicher Locations.

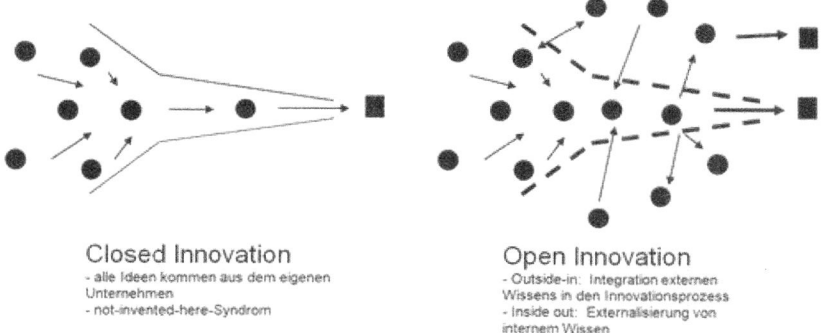

Abb. 3.5 Unterschied zwischen Closed Innovation und Open Innovation. (Quelle: http://www.durchdenkenvorne.de/cms/assets/images/images_beratung/open_innovation.jpg)

Ein Crowdstorm – das bedeutet die Zusammensetzung von Crowdsourcing und Brainstorming: eine kollaborative Ideenfindung einer Gruppe. Mittlerweile wird dieses Konzept des Crowdstorms auch gezielt von Unternehmen genutzt und von Plattformen angeboten. In Deutschland ist Jovoto ein Beispiel für eine solche Plattform. Gegründet in 2007 versteht sich Jovoto als Martkplatz für kreative Leistungen: In Form eines Wettbewerbs löst die Crowd Design-Aufgaben für Marken.

Hatte sich der Ursprung dieser Open-Source-Innovation zunächst auf intellektuelle und kulturelle Produktionsprozesse bezogen, wird sie mittlerweile unter anderem auch auf die Produktion von Gütern angewandt. Das berühmteste Beispiel dafür ist aktuell das Open Source Car,[18] ein Auto, das komplett im Internet entwickelt wird.

Generell entwickelt sich der Prozess der Innovation heute rapide hin zur Demokratisierung. Innovationen werden aufgrund vom internationalen Wettbewerbs- und Innovationsdruck, den gestiegenen Kundenwünschen und den negativen Auswirkungen des demografischen Wandels zu einer immer größeren Herausforderung. Dementsprechend ist das Ziel von Open Innovation, dass Manager und Geschäftsführer einen Teil der Verantwortung auf der einen Seite an ein Netzwerk von unabhängigen Spezialisten abgeben und auf der anderen Seite in das Unternehmen integrieren (Bughin et al. 2008). Immer mehr große Unternehmen und Marken beziehen ihre Kunden bereits in die Kreation neuer Produkte mit ein: Ende 2011 hat die Firma Doritos zum Werbespot-Wettbewerb aufgerufen. Der Spot mit den meisten Votes lief daraufhin im Februar 2012 auf dem Superbowl in Amerika.

---

[18] http://www.theoscarproject.org.

Und auch die US-Chipsmarke Lays hat gemeinsam mit den Konsumenten neue Geschmacksrichtungen entwickelt. In Deutschland hat unter anderem die Supermarktkette Edeka im offenen Innovationsprozess bereits Eis, Joghurts, Cookies und Smoothies entwickelt.

Innovationsprozesse sind Problemlösungsprozesse. Über die gezielte Entwicklung von neuem Wissen in Kombination mit vorhandenem Wissen entstehen Veränderungen (Von Hippel 2005). Das bedeutet im Umkehrschluss, dass Unternehmen ihre Innovationsmöglichkeiten einschränken, wenn sie sich ausschließlich auf die firmeninternen Wissensträger konzentrieren. Diese Haltung wird auch als Not-Invented-Here-Syndrom bezeichnet und meint, dass sich ein Unternehmen vor externen Anreizen verschließt. Doch nur wenn die bestehenden Prozesse für externe Spezialisten geöffnet werden, sinkt das Floprisiko und die Qualität der Produkte steigt (Dapp und Schneider 2011). Open Innovation ist also eine interaktive Wertschöpfung und die bewusste Entscheidung für eine Arbeitsteilung zwischen Internen und Externen. Dabei eignen sich alle Phasen eines Wertschöpfungsprozesses, um externe Ressourcennetze zu integrieren und gewinnbringend auszuschöpfen.

Bei der Co-Creation werden in den meisten Fällen kein offenes Forum und keine offene Plattform erstellt, wo sich jeder beteiligen kann, sondern es entsteht eine kleinere Community, die ihre individuellen, aber speziellen Talente und Fähigkeiten in den Prozess miteinbringt. Dementsprechend sind diese Communities natürlich von Projekt zu Projekt unterschiedlich: So braucht ein Pharmaunternehmen eine Gruppe von Chemikern, während eine Designfirma mehr kreative Köpfe benötigt. Charakteristisch für Co-Creation ist, dass die Gruppe zusammen an einem Konzept arbeitet, anstatt den Kunden eine Lösung aus mehreren Vorschlägen auswählen zu lassen. Abbildung 3.6 zeigt einen typischen Co-Creation-Prozess.

3.5 Beispiel: vernetzte Dienstleistungen

Work is not ,a place', work is finding the right people for the mission. (Gary Swart, CEO von oDesk)

Durch die zunehmende Digitalisierung des Dienstleistungsmarktes sind Online-Marktplätze entstanden, die auf globaler Ebene Angebot und Nachfrage zusammenbringen. Das heißt, wir haben die Möglichkeit, weitestgehend Zeit- und Ortsunabhängig Arbeit anzunehmen und auch zu erledigen. Unternehmen haben ihrerseits Zugriff auf eine flexible Workforce und ein erweitertes Portfolio von Wissen und Fähigkeiten.

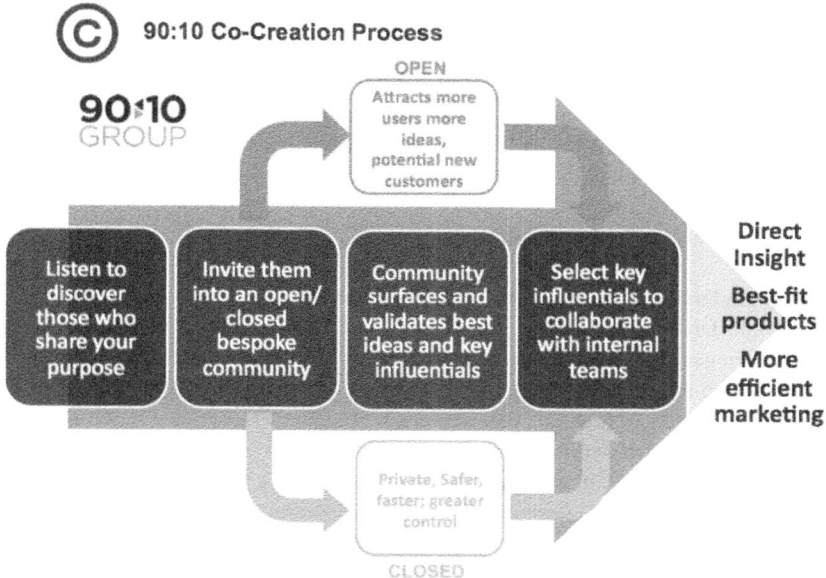

Abb. 3.6 Co-Creation Process. (Quelle: http://www.mediazbiz.com)

Diese neuen Plattformen und Business-Modelle konnten erst dann entstehen, als die technischen Voraussetzungen dafür vorhanden waren und die Arbeit so in den digitalen Raum verlagert werden konnte. Freelance- und Auftrags-Datenbanken, Online-Projektsheets und -Management-Systeme, Time Tracking, Online- und Micro-Payment – all das sind Grundlagen, die einen reibungslosen Ablauf von Online-Arbeit gewährleisten.

3.5.1 Digitale Kooperationstools

Um die Online-Kollaboration oder E-Kollaboration zu erleichtern und die Zusammenarbeit von räumlich oder zeitlich getrennten Teams zu ermöglichen, wurden zahlreiche digitale Werkzeuge entwickelt. Dabei wird unterschieden zwischen synchronen Tools (wie Skype oder Direct Messaging) und asynchronen Tools (wie Google Drive). Bernd W. Wirtz und Patrick Vogt gehen in ihrem Paper „E-Collaboration im B2B-Bereich: Strategien, Strukturen und Erfolgsfaktoren" von den drei

Stufen Kommunikation und Interaktion, kommerzielle Transaktion und Wert- und Partnerintegration aus.

Beliebte Kooperations-Tools Um beim digitalen Projektmanagement und der Teamarbeit 2.0 den Überblick zu behalten, empfiehlt es sich, digitale Kooperations-Tools zu nutzen. In den letzten Jahren haben sich einige sehr hilfreiche Angebote etabliert:

Für Online-Projektmanagement

- **Google Drive und Google Apps for Business**
  Google Drive ist die Cloud von Google, also ein digitaler Speicher, auf dem Dateien gesichert werden können und der das gemeinsame Arbeiten an Textdokumenten etc. erlaubt. Die virtuellen Ordner können mit anderen geteilt werden, die Daten werden auf den Servern gespeichert. Neben der freien Version bietet Google darüber hinaus die kostenpflichtige Google Apps for Business an, die sich gezielt an Unternehmen richtet. Diese App hat den Vorteil, dass jeder Mitarbeiter ein Nutzerkonto anlegen und neben Gmail die Funktionen Kalender, Kontakte, Präsentationen, Kontaktverwaltungen und Tabellenkalkulationen nutzen kann. So werden fast alle Büroaufgaben plus die Kommunikation sowohl mit dem Team als auch mit den Kunden abgedeckt.
- **Basecamp**
  Basecamp wurde 2004 veröffentlicht und hat sich seitdem zu einem der weltweit wichtigsten Projektmanagement-Tools entwickelt. Die Kommunikation steht hier im Vordergrund und demnach setzt Basecamp ganz bewusst auf grundlegende Funktionen, die für Teamarbeit wichtig sind: Meilensteine, To-Do-Listen, File-Sharing und das Verfassen von Nachrichten und Kommentaren zu Aufgaben und Terminen. Das Tool eignet sich sowohl für kleine als auch sehr große Teams. Für sehr kleine Gruppen (2 oder 3 Mitarbeiter) ist es allerdings überdimensioniert und lohnt sich von daher weniger. Basecamp ist sehr intuitiv bedienbar, besonders positiv hervorzuheben ist außerdem der RSS-Feed; durch diesen werden Teammitglieder benachrichtig, sobald ein neues Dokument hochgeladen wurde. Zu den Nachteilen zählt, dass die Textformatierung im Gegensatz zur sonstigen Bedienung kompliziert ist und dass eine interne Möglichkeit zum Chatten fehlt – im Gegensatz zum Beispiel zu Google Drive.
- **Trello**
  Neben einfachen To-Do-Listen lassen sich bei Trello vor allem auch größere Projekte gemeinsam verwalten und teilen. Die Organisation läuft über Boards und Karten, die per Drag-and-Drop einfach verschoben werden können. Jede dieser Karten repräsentiert ein Aufgabenfeld, das von dem jeweiligen Teammit-

glied bearbeitet wird und auf denen beliebig viele Informationen untergebracht und im News-Feed angezeigt werden. Diese Informationen sind zum Beispiel Bilder, Videos und Links zu Dateianhängen.

- Trello passt sich jedem Bildschirm an – vom Smartphone bis zum PC. Darüber hinaus zeichnet sich auch dieses Tool vor allem durch seine einfache und intuitive Bedienung aus. Ein Nachteil dieses Tools ist, dass die Arbeit bei größeren Projekten aufgrund der vielen verschiedenen Karten schnell unübersichtlich wird. Darüber hinaus haben leider ausschließlich Trello-Mitglieder und keine Gäste Zugriff auf die Projekte.

- **Asana**
  Die User bearbeiten mit dieser Projektmanagement-Software sowohl simple To-Do-Listen als auch komplexe Projekte. Sie setzen Ziele und Meilensteine und verteilen die Aufgaben an einzelne Personen im Team. Dafür erstellen sie unterschiedliche Arbeitsbereiche, sogenannte Workspaces. Die Mitarbeiter folgen den verschiedenen Aufgaben, um so alle Neuerungen direkt zur Kenntnis zu nehmen. Für jeden Task gibt es einen Aktivitsätsstream, der die Arbeit gut nachvollziehbar macht. Asana ist sowohl als Web-Tool verfügbar als auch für alle mobilen Endgeräte. Der einzige Nachteil von Asana: Bislang ist die Software nur als englischsprachige Version zu erhalten.

- **CoMindWork**
  CoMindWork bietet neben den gängigen Projektmanagement-Funktionen wie der Erstellung von Projekten, To-do- und Tasklisten, Filesharing-Optionen und Zeitmanagement auch diverse Möglichkeiten, die Software (vom Design bis zur Anordnung der Benutzeroberfläche) individuell anzupassen. Leider ist CoMindWork in der Handhabung sehr kompliziert. Zu den Vorteilen hingegen zählt auch hier das Angebot, einen RSS-Feed zu nutzen, sowie die Möglichkeit, das Tool mit zahlreichen weiteren Anwendungen zu verknüpfen, von Google Docs über Basecamp bis Facebook und Twitter.

- **Redbooth**
  Die Plattform Redbooth, früher als Teambox bekannt, verbindet Funktionen zur Kommunikation mit dem Projektmanagement, was bedeutet, dass die Nutzer nicht nur Projekte und Aufgaben gemeinsam anlegen und strukturieren können, sondern auch im Team chatten und Videokonferenzen abhalten. An einer Videokonferenz können bis zu 100 Personen teilnehmen. Den einzelnen Tasks im Projektmanagement werden Aufgaben zugeteilt, die von den Mitarbeitern kommentiert und besprochen werden. Dank der Verknüpfung mit File-Sharing-Diensten wie u. a. Dropbox und Google Drive können Dateien direkt aus der Cloud auf die Plattform geladen und geteilt werden.

- **Producteev**
  Producteev ist als native App erhältlich. Die Projekte werden in Arbeitsbereichen erstellt. Die einzelnen Aufgaben werden in diesen Bereichen mit Hilfe von Etiketten gebündelt. Jede Aufgabe kann noch mal in Sub-Tasks eingeteilt und delegiert werden. Bei diesem Tool ist vor allem hervorzuheben, dass den Managern eines Projektes regelmäßige Reports zugeschickt werden – Arbeitsberichte über den wöchentlichen oder täglichen Fortschritt. Besonders hilfreich ist auch die Möglichkeit, Aufgaben via E-Mail, Twitter oder Instant-Messaging-Services hochzuladen.

Für Datentransfer

- **Dropbox**
  Der Webdienst stellt ein Netzwerk-Dateisystem zur Synchronisation von Daten zwischen verschiedenen Usern zur Verfügung und macht somit auch eine Online-Datensicherung möglich. Dropbox ist einer der führenden Anbieter weltweit.
- **WeTransfer**
  WeTransfer ermöglicht, ohne Anmeldung Dateien bis zu 2 GB pro Übertragungsvorgang zu versenden. Auch die Übertragung von mehreren Dateien gleichzeitig ist möglich
- **FileZilla**
  FileZilla ist ein kostenloser FTP-Client für Mac OS X, Linux und Windows. Das Tool ist kostenfrei, in über 40 Sprachen erhältlich und kann bis zu 10 Dateien gleichzeitig übertragen – voreingestellt sind allerdings nur zwei.

Für Kommunikation

- **Skype**
  Mit Hilfe von Skype können Teammitglieder auch international Telefon- und Videokonferenzen abhalten. Speziell für Unternehmen bietet Skype die Version Skype Manager an. Im Vergleich zur einfachen Variante findet der User hier vor allem erweiterte Chat-Funktionen. Darüber hinaus werden Konten für die einzelnen Mitarbeiter des Unternehmens eingerichtet und ihnen Guthaben für Telefongespräche zugewiesen. Die Admins legen die Funktionen für jeden einzelnen Nutzer fest. Besonders praktisch bei Skype Manager ist die Echtzeit-Übersicht der Kosten.
- **Google+Hangouts**
  Mit den Google+ Hangouts halten die Nutzer Sprach- und Videokonferenzen mit bis zu 10 Teilnehmern ab. Diese Konferenzen können entweder privat oder

öffentlich auf Google+ stattfinden und danach – wenn sie öffentlich sind – auch via YouTube geteilt werden. Darüber gibt es bei Google+ Hangouts die Möglichkeit zum Gruppenchat und zum Versenden von Dateien. Das Tool ist kostenlos und nach Anmeldung bei Google frei zugänglich.

* **Yammer**
  Yammer ist eine professionelle Social-Media-Plattform – ähnlich wie Twitter und Facebook – speziell für Unternehmen. Dabei werden alle Personen unter einer Internet-Adresse vernetzt. Yammer ist also ein soziales Netzwerk für die Mitarbeiter, die sich hier über den aktuellen Stand ihrer Arbeit austauschen. Wie auch bei Facebook gibt es hier die Möglichkeit, Beiträge zu verfassen und zu liken, Gruppen beizutreten (öffentliche und geschlossene) und Personen, Hashtags oder Beiträgen zu folgen. Darüber hinaus kann gemeinsam an Wikis gearbeitet werden. Auch die Option, sich individuelle Alerts einzurichten, ist bemerkenswert.

* **Communote**
  Genau wie Yammer ist auch der deutsche Dienst Communote ein soziales Netzwerk speziell für Unternehmen. Ähnlich wie bei Twitter kommunizieren die Mitarbeiter über Kurznachrichten, in denen sie den über ihre Aktivitäten berichten. Darüber hinaus können Hashtags gesetzt sowie Beiträge geliked werden. In der Aufmachung orientiert sich Communote nicht wie Yammer am News-Feed von Facebook, sondern an Twitter. Das bedeutet, dass der Dialog weniger im Vordergrund steht und dafür stärker die einzelnen Updates, die als eigenständige Beiträge angezeigt werden.

3.5.2 Crowdworking & fluide Expertennetzwerke

Traditionelle Arbeitsstrukturen werden im Zeitalter des Internets durch moderne Informations- und Kommunikationstechnologien infrage gestellt. Dazu kommt eine Vielzahl neuartiger Lebensentwürfe, die den Unternehmen heutzutage weitere Flexibilität abverlangen (Pelzer 2014). Eine Antwort auf dieses Infragestellen ist Crowdworking – eine Crowdsourcing-Methode, bei der einzelne Jobs an die Internet-User ausgelagert werden. Unternehmen haben so die Möglichkeit, sich projektbezogen mit Wissensarbeitern und Experten zu vernetzen. Durch diese Art der Online-Arbeit werden Barrieren der traditionellen Arbeitsplatzvergabe wie festgelegte Arbeitszeiten und unflexible Teams überwunden.

Im November 2005 ging die erste Crowdworking-Plattform online: Amazons Mechanical Turk[19], ein Marktplatz für Microtasks. Jeder kann sich hier als Arbeiter

---

[19] https://www.mturk.com/.

anmelden und kleinere Teilaufgaben übernehmen. Der Fokus liegt dabei auf Aufgaben, die nicht durch einen Computer erledigt werden können – beispielsweise das Taggen von Videos und Bildern oder das Auswerten, Bewerten, Ordnen und Verifizieren von großen Datenmengen. Das klassische Microworking also, einfache Clickjobs. Sowohl Unternehmen als auch Einzelpersonen können hier Jobs einstellen, die dann von der Crowd gelöst werden. Das deutsche Äquivalent zu Mechanical Turk ist Clickworker[20]: Mittlerweile sind hier über 450.000 Clickworker angemeldet. Die Preise für die einfachsten Microjobs liegen wie bei Mechanical Turk im Cent-Bereich. Reich werden kann man mit Microworking nicht, der Fokus liegt klar auf dem Nebenverdienst. Diese Crowdworking Jobs sind demnach vor allem für Leute interessant, die flexibel sein wollen oder müssen. Auch das Berliner Startup Crowd-Guru[21] hat sich auf Microtasking spezialisiert und konnte Ende 2013 über 12.000 registrierte Arbeiter vermelden – der Großteil davon sei Studenten, so Geschäftsführer Philipp Hartje (Herbold 2013): Das Kellnern als klassischer Studentenjob bekommt jetzt Konkurrenz durch digitales Microjobbing.

Neben diesen Microworking-Jobs werden auf Plattformen wie oDesk[22] und Elance[23] Freelancer für komplexere, meist kreative Jobs gesucht, zum Beispiel für die Erstellung von Webseiten oder Logos. Hier werden Unternehmer und Freelancer in Echtzeit zusammengebracht. Beide Plattformen sind führende Marktplätze für Online-Arbeit und haben im Dezember 2013 ihre Fusion bekannt gegeben. Die Kooperation über diese Plattformen für Online-Arbeit funktioniert wie folgt: Die Unternehmen wählen die passenden Arbeitnehmer aus und stellen sie ein. Dabei übernehmen sie das Management und bezahlen die Auftragnehmer auf Stundenbasis. Sowohl auf oDesk als auf Elance kann jede Dienstleistung – auch länderübergreifend – in Auftrag gegeben werden, die am Computer erledigt werden kann. Die aktuellen Nutzungszahlen von Elance belegen den Trend hin zum Crowdworking auch für Deutschland. Deutschland, das zu den größten Wachstumsmärkten dieser Branche gehört, verzeichnete 2013 bei Unternehmen die online Freiberufler einstellen, einen Anstieg von 69 %. Allein die Anzahl der von Unternehmen ausgeschriebenen Projekte stieg um 65 % im Vergleich zum Vorjahr auf mehr als 10.700 auf der Plattform veröffentlichte Stellenausschreibungen. Auch bei den Neuanmeldungen von Freiberuflern konnte ein Zuwachs von 71 % registriert werden. Weltweit traten 2013 sogar mehr als 1 Mio. Menschen der Online-Plattform bei.

---

[20] http://www.clickworker.com/de.

[21] https://www.crowdguru.de.

[22] https://www.odesk.com/de/.

[23] https://www.elance.com.

Dieser Trend ist nicht allein auf den Fachkräftemangel zurückführen. Vielmehr lässt sich hier auch eine deutliche Veränderung im Nutzungsverhalten bei der Rekrutierung von Fachkräften erkennen. Mehr und mehr Unternehmer und Manager greifen auf dieses Modell zurück, um durch die hohe Flexibilität und zeitliche Verfügbarkeit internationaler Fachkräfte Wettbewerbsvorteile für das eigene Team oder Unternehmen freizusetzen. In den Anfängen sei Elance, so Nicolas Dittberner, Country Manager DACH bei Elance, eine Art Geheimwaffe für Gründer und Startups gewesen, denen es in ihren Arbeitsabläufen vor allem darauf ankommt, flexibel und schnell agieren zu können und dabei auf den besten Spezialisten zurückzugreifen. Doch im vergangenen Jahr hat sich der internationale wie auch der regionale Arbeitsmarkt deutlich gewandelt. Als Resultat bauen mittlerweile auch viele mittelständische und größere Unternehmen dezentrale Teams mit Fachkräften auf, die ihre Arbeit über Online-Plattformen koordinieren. Dittberner erläutert weiter, dass viele Personaler inzwischen anerkennen würden, dass die traditionellen Rekrutierungsmodelle oft nicht die Reichweite haben, um an die erfahrenen und wirklich guten Fachkräfte heranzukommen. Steigender Wachstums- und Erfolgsdruck erfordere hierbei mehr Kreativität und mache ein Umdenken dringend erforderlich. IT- und Programmier-Experten stellen dabei mit 40 % der weltweit eingestellten Freelancer weiterhin die am häufigsten nachgefragte Berufsgruppe dar. In Deutschland war 2013 bereits jedes dritte auf Elance ausgeschriebene Projekt in diesem Segment angesiedelt. Aufgrund des zunehmenden Fachkräftemangels in Deutschland wird dieser Trend auch weiterhin anhalten und sich in den kommenden Monaten sogar noch verstärken. Des Weiteren können sich Freiberufler hierzulande zukünftig auch auf höhere Einkünfte freuen. Bereits 2013 steigen die durchschnittlichen Stundenlöhne deutscher Freiberufler im IT-Bereich auf der Plattform um 15,7 % auf nun 24,30 € im Vergleich zum Vorjahr. Auch bei freiberuflich tätigen Designern konnte Elance einen Lohnanstieg um 13,5 % auf 25,80 € registrieren (Pelzer 2014).

Die neuen Arbeitsmodelle in der Co-Economy definieren sich vor allem durch Freiheit, Selbstbestimmung und Kollaboration. Es ist sehr leicht, sich selbstständig zu machen und zusammenzuarbeiten, ohne dabei an feste Arbeitszeiten oder einen festen Ort gebunden zu sein. Die heutige Gesellschaft ist eine projektorientierte Dienstleistungsgesellschaft, in der die Qualität einer Dienstleistung wichtiger geworden ist als ihre Quantität. Eine Vernetzung zwischen Wissensarbeitern, also Experten, und Geschäftspartnern, ist unabdingbar geworden.

Diese Teams aus freiberuflichen Experten sind fluide Netzwerke, die gezielt für einzelne und temporäre Projekte zusammenkommen, Probleme analysieren, Konzepte ausarbeiten und umsetzen. Diese Teams zeichnen sich vor allem durch einen hohen Professionalisierungsgrad aus, der darauf beruht, dass jedes Teammitglied mit seinem Namen als Unternehmer für die eigene Leistung haftet. Darüber hinaus sind es die meisten Freelancer gewohnt, sich ihre Zeit aufgrund ihrer vielen gleichzeitig laufendenden Projekte gut und effizient einzuteilen, was einen weiteren Vorteil der fluiden Netzwerke bedeutet. Dass spezialisierte Experten genau an dem Projekt arbeiten, für das sie gebraucht werden und für das sie qualifiziert sind, führt dazu, dass die Teams schnell im Thema sind und gute Ergebnisse liefern. Darüber hinaus sind die Netzwerke für viele Unternehmen auch kostengünstiger, da keine Agentur beschäftigt werden muss (Ast 2012). Was aber bedeuten fluide Expertennetzwerke für Unternehmen? Die Grenzen zwischen Firmen, ihren Angestellten, Anbietern und Konsumenten werden auch in der Zukunft weiter verschwimmen. Gleichzeitig flachen Hierarchien ab, sodass die Arbeitnehmer eine größere Rolle einnehmen und sich untereinander in Arbeitsgruppen organisieren. Unternehmen sollten darauf eingestellt sein, dass sich zwischen den Arbeitnehmern immer eine Gruppendynamik entwickelt, da sie untereinander Erfahrungen austauschen und sich gegenseitig um Rat bitten.

Dabei geht es nicht um die Frage, ob überhaupt Grenzen zu setzen sind, sondern darum, wo sie zu setzen sind. Es gibt keinen besseren Weg, mit sich verändernden Grenzen umzugehen, als neue Grenzen zu setzen. In einem Arbeitsfeld, das durch soziale Verbindungen innerhalb von Arbeitsgruppen geprägt ist, sollten die Grenzen ‚fluid' sein und die Arbeitnehmer in ihrer Arbeit unterstützen – nicht einschränken. Zuerst sollten Erwartungen formuliert werden, die dann im nächsten Schritt spezifiziert werden. Es wird häufig übersehen, dass Menschen sehr gut darin sind, sich selbst und andere zu kontrollieren – meistens können sie das sogar besser als die Autoritäten der Firma (Fenech 2013).

3.5.3   Produktion: die neue Maker-Kultur

Auch Produktionsvorgänge werden zunehmend digitalisiert. Der Trend geht hier mehr und mehr zur Eigenproduktion – hin zum digitalen Do-it-Yourself. Der 3D-Drucker ist das beste Beispiel dafür, vorangetrieben maßgeblich von den sogenannten Makers, bei denen das vernetzte und community-basierte Lernen und Produzieren im Vordergrund stehen. Die Makers nutzen digitale Tools nicht nur, um neue Produkte selbst zu gestalten, sondern auch, um selbst Prototypen zu erstellen. Der springende Punkt dabei ist natürlich der Zugang zu web-basierten Werkzeugen: Dank der Digitalisierung und der mit ihr verbundenen Vernetzung drucken die Maker zum einen ihre Produkte zuhause selbst aus und haben zum anderen aber auch die Option, eine Datei global zu versenden und günstig produzieren zu lassen. Einfache 3D-Drucker sind inzwischen für wenige Hundert Euro zu haben. Komplexere kosten einige Tausend. Wer sich keinen eigenen Drucker anschaffen will, geht einfach in einen entsprechenden Shop, beispielsweise den botspot[24] in Berlin. Ausgedruckt werden können ganz pragmatische Dinge wie beispielsweise defekte Ersatzteile, Zahnfüllungen, auch echte, selbst gestaltete Objekte. Wir können davon ausgehen, dass es zur kulturellen Norm werden wird, Entwürfe und Produkte zu teilen und mit anderen Communities bei der Produktion zu kollaborieren (Joost 2014). Die Maker-Kultur verlegt demnach die Innovationen ins heimische Arbeitszimmer und beeinflusst grundlegend die Veränderungen in Produktionsabläufen. Von diesen Entwicklungen profitieren nicht nur die Bastler, Tüftler und IT-Spezialisten – auch etablierte Firmen ziehen einen Vorteil aus dem Internet der Dinge: Industrieriesen wie 3D-Systems, Stratsys und Z-Corp verzeichnen zweistellige Wachstumsraten (Burkhard 2014). Noch ist es für viele von uns unvorstellbar, dass in Zukunft sogar Lebensmittel via 3D-Drucker produziert werden können. Doch mit Blick auf die enorme Entwicklung der Technologie in den letzten Jahren wird deutlich, dass vieles früher Unvorstellbare mittlerweile möglich geworden ist.

3.5.4 Finanzen: virtuelle Währungen und Crowdfunding

Im Zuge der Co-Economy bilden sich zudem alternative, netzbasierte Finanzsysteme und Tools heraus. Online Payment ist auf dem Vormarsch und Zahlungsmethoden wie PayPal haben sich längst in unserer Gesellschaft etabliert; durch das Netz werden Finanzierungen demokratischer und unabhängiger. Crowfunding, Crowdinvesting und Peer-to-Peer Lending (oder Crowdlending) sind Beispiele für diese neuen Formen der Finanzierungsmöglichkeiten. Und mit der Kryptowährung Bitcoins gibt es mittlerweile sogar ein Zahlungssystem in Form von digitalem Geld.

Bitcoins

Seit 2013 boomt die Kryptowährung Bitcoin, die aus verschlüsselten Datenblöcken besteht und über die Computer der Nutzer generiert wird. Der Begriff setzt sich aus *Bit* (kleinste Speichereinheit im Computer) und *Coin* (engl. für Münze) zusammen. Das Konzept der Kryptowährung wurde erstmals 1998 erwähnt, die Domain Bitcoin 2008 registriert. Veröffentlicht wurde der Client im Jahr 2009 und am 12.07.2010 wurde die erste Bitcoin-Transaktion durchgeführt: 2 Pizzen für 10.000 Bitcoins. Mittlerweile werden Bitcoins von mehr als 1000 Geschäften[25] weltweit angenommen. Zu den bekannteren Unternehmen oder Einrichtungen, die Bitcoins akzeptieren, gehören zum Beispiel WordPress, Reddit und Mega. Auch

---

[24] siehe: http://www.botspot.de.
[25] Stand März 2013.

die Universität von Nikosia auf Zypern akzeptiert Bitcoins für Studiengebühren (Fehr und Voß 2013). Auf der CeBit 2014 wurde der erste Bitcoin-Geldautomat vorgestellt, an dem direkt Bitcoins gekauft werden können.

Zu den Vorteilen der Kyptowährung gehört zunächst ganz klar die Zahlungsfreiheit: Geldbeträge können unabhängig von Banken ohne Verzögerung gesendet und empfangen werden – und zwar weltweit. Darüber hinaus sind Bitcoin-Transaktionen in der Regel sehr sicher: Rückbuchungen sind nicht möglich und die Transaktionen an keine privaten Informationen des Käufers gebunden. Außerdem haben die Nutzer volle Kontrolle über ihre Transaktionen, und das Geld kann durch Backups und Verschlüsselungen geschützt werden. Allerdings gibt es auch einige Argumente gegen den Einsatz der Kryptowährung: Viele Unternehmen zögern noch, auf Bitcoins zu setzen, da der Bekanntheitsgrad noch recht gering ist. Die Anzahl derjenigen, die die Währung kennt und nutzt, ist also noch sehr gering, was bedeutet, dass bereits kleine Ereignisse, Trades oder Geschäftsaktivitäten einen großen Einfluss auf den Preis haben können. In der Theorie nimmt diese Volatilität ab, wenn die Technologie ausgereifter wird. Ein weiterer Nachteil ist ganz simpel, dass die Bitcoins von Hackern gestohlen werden können und auch bei Verlust des Speicherträgers oder bei technischem Versagen sind sie verloren. Immer wieder werden Bitcoins als „hochriskantes System" (Fehr und Voß 2013) bezeichnet, denn die Kurse schwanken aufgrund der (noch) limitierten Bitcoin-Geldmenge stark: Ein Bitcoin, der noch vor einer Woche 600 € wert war, könnte kurze Zeit später 100 € mehr oder weniger wert sein. Es bleibt also spannend, wie sich die Kryptwährung in den nächsten Jahren entwickeln wird.

Crowdfunding, Crowdinvesting und Crowdlending
Crowdfunding ist eine Form des Crowdsourcings, wobei Geld für Projekte über die Internet-Community gesammelt wird. Neben der monetären Investition werden die Geldgeber gleichzeitig als Multiplikatoren der Projekte und als Ideengeber eingebunden. Darüber hinaus bieten Crowdfunding-Kampagnen den Initiatoren eine sehr gute Möglichkeit zur Zielgruppenanalyse und Marktforschung: Wie kommt ein Projekt bei der Crowd an? Wer finanziert und wer nicht? Und wie entwickelt sich die Community? Zu den bekanntesten und größten Crowdfunding-Plattformen gehören die US-Plattform Kickstarter[26] und die deutschsprachige Seite Startnext[27]. Im April 2012 führte Startnext zusätzlich eine Mischung aus Crowdinvesting und Crowdfunding ein: Dabei können Unternehmen anstatt Prämien auch Erfolgsbeteiligung versprechen. Crowdfunding wird unterteilt in Reward-Based Crowdfunding und Donation-Based Crowdfunding.

---

[26] https://www.kickstarter.com.

[27] http://www.startnext.de.

Das Reward-Based-Crowdfunding ist in Deutschland derzeit noch am stärksten vertreten und funktioniert wie folgt: Wer Geld gibt, bekommt eine Prämie in Form von Sachleistungen, wie zum Beispiele eine limitierte Sonderedition einer CD o. ä. Beim Reward-Based Crowdfunding entstehen rein rechtlich Verkaufsverträge, die theoretisch auch rückgängig gemacht werden könnten. Außerdem müssen die Einnahmen durch Crowdfunding in diesem Fall – im Gegensatz zum Donation-Based Crowdfunding – versteuert werde. Das Donation-Based Crowdfunding beruht auf Spenden, weshalb keine Gegenleistung versprochen oder erbracht werden darf.

Crowdfunding funktioniert auf den Plattformen nach drei Prinzipien:

1. **Das Alles-oder-nichts-Prinzip:**
   Die Projekte werden nur dann finanziert, wenn die Zielsumme innerhalb einer bestimmten Zeit komplett erreicht wird. Eine Ausnahme ist hierbei die US-Plattform Indiegogo, die auch das Prinzip des Flexible Fundings anbietet, was bedeutet, dass der Projektinitiator das Geld auch dann ausgezahlt bekommt, wenn die Zielsumme nicht erreicht wird. Es muss vorab entschieden werden, ob die Kampagne ein Flexible oder Fixed Funding sein soll.
2. **Das Prämien-Prinzip**
   Abhängig von dem Finanzierungsbetrag der Geldgeber gibt es unterschiedliche Prämien, die die Projektinitiatoren vorab festlegen.
3. **Das Transparenz-Prinzip**
   Die Initiatoren und die Plattformen selbst informieren die Unterstützer so transparent wie möglich über die Entwicklungen der jeweiligen Projekte (Pelzer et al. 2012).

Crowdinvesting (oder Equity-Based Crowdfunding) sowie das Crowdlending (oder Lending-Based Crowdfunding beziehungsweise Peer-to-Peer Lending) gehören per Definitionem mit zum Überbegriff Crowdfunding. Sie richten sich allerdings an ein anderes Zielpublikum, nämlich primär Startups (Crowdinvesting) oder Privatpersonen, die einen Kredit aufnehmen wollen (Crowdlending).

Das Crowdinvesting kann als Zwischenform von Crowdfunding und einer klassischen Unternehmensfinanzierung gesehen werden und basiert auf einer Vielzahl an Mikroinvestoren: Die Geldgeber erwerben einen Anteil am Unternehmen, der mit einem Anteil am Gewinn des Unternehmens verbunden ist. Nutzer investieren demnach in ein Startup und erhalten im Gegenzug Anteile. Zwei Beispiele für Crowdinvesting-Plattformen in Deutschland sind Seedmatch[28] und Innovestment.[29]

---

[28] https://www.seedmatch.de.
[29] http://www.innovestment.de.

Lending-Based Crowdfunding bedeutet, dass der Geldgeber einem Projekt über die Crowdfunding-Plattform Geld leiht. Dieses Geld fließt dann verzinst an ihn zurück. Crowdlending-Plattformen wie Auxmoney vermitteln Privatkredite und eröffnen dadurch sowohl Kreditnehmern als auch Kapitalanlegern neue Perspektiven.

Gibt es ein Erfolgsrezept für Crowdfunding? Wie richtig crowdfunden?
Leider kann weder ein Erfolgrezept noch eine einfache Formel für Crowdfunding-Kampagnen benannt werden (Blenskens et al. 2013), doch es gibt einige Faktoren, die, wenn sie erfüllt sind, einen Erfolg wahrscheinlich machen. Einer dieser Faktoren ist das Netzwerk des Initiators. Projekte, die schon eine Community haben, funktionieren immer besser als Kampagnen mit einer kleinen Zielgruppe. Zunächst muss also eine Reputation aufgebaut werden. Dafür sollte am besten schon vor dem Start einer Crowdfunding-Kampagne so vielen Leuten wie möglich von dem Projekt erzählt werden, um herauszufinden, ob, wovon und wie schnell sie sich begeistern lassen. Im Anschluss sollte diese Reaktionen analysiert und die Kampagne entsprechend überarbeitet oder angepasst werden. Es kann davon ausgegangen werden, dass die Crowd ähnliche Projekte spannend findet wie der eigene Freundes,- Bekannten-, und Familienkreis. Ferner ist es für den Initiator essentiell, sich bewusst zu machen, dass Crowdfunding nicht anonym ist. In vielen Fällen sind es Familie, enge Freunde und Bekannten, die ein Projekt maßgeblich zum Erfolg führen (Blenskens et al. 2013).

Wer Crowdfunding als gemeinsamen Prozess versteht, der wird aus der Crowd vielmehr herausholen als nur das Geld. (Blenskens et al. 2013)

Neben dem Netzwerk des Initiators spielt natürlich die PR eine entscheidende Rolle: Welche Geschichte soll erzählt werden, um das Projekt bestmöglich zu bewerben? Es müssen Marketingstrategien entwickelt werden, und zwar im Idealfall nicht nur eine, sondern mehrere – für die unterschiedlichen Kanäle und Zielgruppen. Dabei greifen alle Strategien auf dieselbe Geschichte zurück und unterstützen dieselbe Crowdfunding-Kampagne (Peschel 2014). Die Story des Projekts ist der Kern und wird auf den unterschiedlichen Kanälen individuell erzählt (siehe Abb. 3.7). Zuletzt darf nicht vergessen werden, das Feedback der Crowd auszuwerten. Crowdfunding-Kampagnen eignen sich ideal als Marktforschungs-Tool und helfen den Initiatoren dabei, ihr Projekt zielgruppenorientiert zu optimieren.

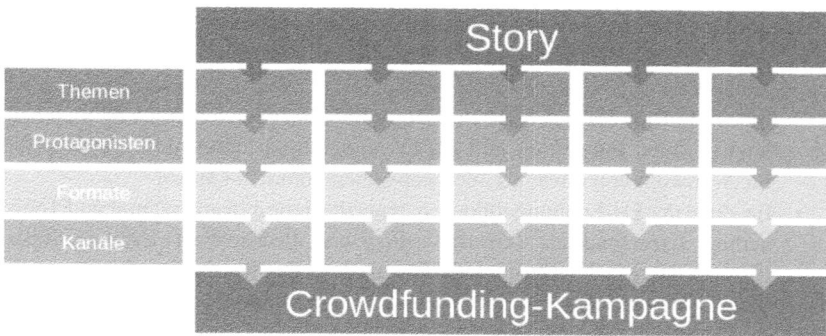

Abb. 3.7 „Crowdfunding-Strategien". (Quelle: http://konzeptfreun.de/crowdfunding/
strategien-entwickeln-fuer-die-eigene-crowdfunding-kampagne/)

Lessons learned

- In der Shareconomy zählt Zugang mehr als Besitz, und basierend auf der Collaborative Consumption entsteht eine neue Konsumkultur.
- Das Netz ermöglicht und verbreitet den Sharing-Trend.
- Das Many-to-many-Schema löst in der Shareconomy das Few-to-Many Schema ab, wodurch Lieferketten deutlich ökonomischer werden.
- Crowdsourcing beschreibt den Prozess des Auslagerns von Arbeits- und Kreativprozessen an die Internetnutzer sowie die Einlagerung von Wissen, Kapital und Zeit aus der Crowd in ein Unternehmen oder eine Organisation.
- Wer Crowdsourcing in der Unternehmenspraxis einsetzt, profitiert von vielen unterschiedlichen Vorteilen: z. B. werden die Nutzer aktiv beteiligt und damit weitaus stärker involviert als beim passiven Konsum.
- Co-Working Spaces sind die logistische Antwort auf die Entwicklung hin zu offenen und flexibleren Arbeitsverhältnissen; besonders stark werden sie von Freelancern und Startups genutzt.
- Die Sharing-basierten Business-Modelle beschränken sich nicht nur auf das persönliche Arbeitsumfeld – auch im Privaten wird inzwischen Raum geteilt: Airbnb ist dafür das prominenteste Beispiel.
- Wissen wird nicht mehr als persönlicher Besitz gesehen, sondern geteilt und mit anderen kombiniert. Beispiele hierfür sind E-Learning-Plattformen, Wissens- und Datensammlungen und das Phänomen des offenen Journalismus.
- Durch die neuen, digitalen Plattformen und Marktplätze ist eine globale Ökonomie entstanden. Angebot und Nachfrage von Dienstleistungen kann

über Plattformen wie oDesk/Elance zeitnah und flexibel abgeglichen werden. Die Crowdsourcing-Marktplätze stellen hierfür die notwendige Infrastruktur

- Innovationsprozesse gehen heute längst über die Grenzen von Unternehmen hinaus, Open Innovation und Co-Creation sorgen dafür, dass Impulse für Ideen sowohl von innen als auch von außen kommen können.
- Im Zuge der Co-Economy bilden sich netzbasierte Finanzsysteme und Tools heraus. Crowfunding, Crowdinvesting und Peer-to-Peer Lending (oder Crowdlending) sind Beispiele dafür, und mit der Kryptowährung Bitcoins gibt es mittlerweile sogar ein Zahlungssystem in Form von digitalem Geld.

Quellen & Literaturempfehlungen

Abrahamson S, Ryder P, Unterberg B (2013) Crowdstorm. The future of innovation, ideas, and problem solving. Wiley, New York

Airbnb (2012) Deutschland teilt! Auf dem Weg in die „Sharing Economy?" Schwartzpr.de. http://www.schwartzpr.de/de/newsroom/airbnb/2012-06-Studie-Deutschland-teilt_Hintergrund.pdf. Zugegriffen: 9. März 2014

Ast J (2012) Keynote Crowdsourcing Summit: Future of Work – Fluide Netzwerke. CrowdsourcingBlog. http://de.slideshare.net/CrowdsourcingBlog/keynotecrowdsourcingsummit-120427080337phpapp01. Zugegriffen: 29. Jan. 2014

Blenskens K, Gumpelmaier W, Roß I, Wenzlaff K (2013) Crowdfunding für große und kleine Bühnen. Handbuch für Crowdfunding-Kampagnen. epubli GmbH, Berlin

Van den Broek W (2013) The sharing economy vs. the dominant model. Deskmag. http://www.deskmag.com/en/the-sharing-economy-vs-the-dominant-model. Zugegriffen: 29. Jan. 2014

Botsman R, Rogers R (2011) What's Mine Is Yours: The Rise of Collaborative Consumption. HarperCollinsPublishers, New York

Bughin J, Chui M, Johnson B (2008) The next step in open innovation. McKinsey Quarterly, New York

Bukowitz WR, Williams RL (1999) The knowledge management fieldbook. Financial Times Prentice Hall, New Jersey

Bundesverband CarSharing (2014) Carsharing boom continues. Carsharing.de. http://www.carsharing.de/presse/pressemitteilungen/carsharing-boom-continues. Zugegriffen: 12. Mai. 2014

Burkhard D (2014) Die Maker-Kultur gibt Innovationen enormen Schub. Deutsche-Startups.de http://www.deutsche-startups.de/2014/01/28/die-maker-kultur-gibt-innovationen-enormen-schub/. Zugegriffen: 27. Mai 2014

Dapp T, Ehmer P (2011) Kultur- und Kreativwirtschaft – Wachstumspotential in Teilbereichen. Deutsche Bank Research, Frankfurt a. M.

Dapp T, Schneider S (2011) Die digitale Gesellschaft – Neue Wege zu mehr Transparenz, Beteiligung und Innovation. Trendforschung Aktuelle Themen 517. Deutsche Bank Research, Frankfurt am Main

Dreyßig A (2012) Die besten Collaboration-Tools. Computerwoche. http://www.computer-woche.de/a/die-besten-collaboration-tools,1932896. Zugegriffen: 29. Jan. 2014

Ekekwe N (2010) Business ideas from the crowd. Harvard Business Review. http://blogs.hbr.org/2010/09/generating-business-ideas-from/. Zugegriffen: 12. Mai. 2014

Fehr M, Voß O (2013) Virtuelle Währung. Pro und Contra Bitcoins. WirtschaftsWoche. http://www.wiwo.de/finanzen/boerse/virtuelle-waehrung-pro-und-contra-bitcoins/9145404.html. Zugegriffen: 9. März 2014

Fenech D (2013) Blurring social media boundaries at work. KellyOCG. http://www.kellyo-cg.com/Knowledge/KellyOCG_Blog/Blurring_Social_Media_Boundaries_at_Work/. Zugegriffen: 29. Jan. 2014

Fischer F (2013) Anette Novak: ‚Open Journalism kann viele Probleme lösen'. Vocer. http://www.vocer.org/anette-novak-open-journalism-kann-viele-probleme-loesen/. Zugegriffen: 29. Jan. 2014

Frick K, Hauser M, Gürtler D (2013) Sharity – Die Zukunft des Teilens. GDI Gottlieb Dutt-weiler Institut, Zürich

Groth Y (2011) Academic representation of crowdsourcing, co-creation and open innova-tion. Yannickgroth. http://yannigroth.com/2011/10/18/academic-representations-of-crowdsourcing-co-creation-and-open-innovation/. Zugegriffen: 29. Jan. 2014

Hank R, von Petersdorf W (2013) Sharing Economy. Haben ist seliger als Teilen. Faz.net. http://www.faz.net/aktuell/finanzen/meine-finanzen/geld-ausgeben/sharing-economy-haben-ist-seliger-als-teilen-12139540.html?printPagedArticle=true. Zugegriffen: 9. März 2014

Hein A (2012) 10 Ideas on Open Journalism from the Guardian's Editor Alan Rusbridger. The-nextweb.com. http://thenextweb.com/media/2012/03/27/10-ideas-from-the-guardians-editor-in-chief-alan-rusbridger-on-open-journalism/#!tRjqm. Zugegriffen: 29. Jan. 2014

Heinzer S (2012) Lauren Anderson: ‚Collaborative Consumption verbindet Generationen'. Connect. http://www.connect.de/news/interview-lauren-anderson-collaborative-consump-tion-1349002.html. Zugegriffen: 29. Jan. 2014

Herbold A (2013) Clickworking. Geld verdienen mit dem Smartphone. Zeit Online. http://www.zeit.de/digital/internet/2013-10/clickworking-microtasking-deutschland. Zugegrif-fen: 9. März 2014

Hillmann-Köster B, Semmler M (2011) Arbeiten in der Cloud. GIS.TRENDS + MARKETS. Pitney Bowes Business Insight Division, Raunheim. http://www.pitneybowes.de/docs/International/CE/software/pdf/white-paper/42-49_cloud_computing_pbbi.pdf. Zugegrif-fen: 29. Jan. 2014

Von Hippel E (2005) Democratizing Innovation. The MIT Press, Cambridge

Howe J (2006) The rise of crowdsourcing. Wired. http://www.wired.com/wired/archi-ve/14.06/crowds.html. Zugegriffen: 29. Jan. 2014

Janson S (2013) Globale Studie zum Wandel der Arbeitswelt: Coworking – Zukunfts-Trend oder Hype? Berufebilder. http://berufebilder.de/2013/globale-studie-zum-wandel-der-arbeitswelt-coworking-zukunfts-trend-oder-hype/?doing_wp_cron=1363089395.94428 39622497558593750. Zugegriffen: 29. Jan. 2014

Joost G (2014) Die Politik der Maker. Technische Universität Berlin. http://www.zewk.tu-berlin.de/fileadmin/f12/Downloads/koop/tagungen/Ringvorlesung2013/140114/Vor-trag_Gesche_Joost14012014.pdf. Zugegriffen: 27. Mai 2014

Leimeister JM, Zogaj S (2013) Neue Arbeitsorganisation durch Crowdsourcing. Eine Litera-turstudie. In: Hans-Böckler-Stiftung, Arbeitspapier 287, Düsseldorf

Mack E (2013) Crowdsourcing vs. outsourcing: a comparison. Crowdsourcing.org. http://www.crowdsourcing.org/editorial/crowdsourcing-vs-outsourcing-a-comparison-infographic/25190. Zugegriffen: 4. Feb. 2014

N.n Airbnb. Crunchbase. http://www.crunchbase.com/company/airbnb. Zugegriffen: 6. Feb. 2014

Olma S (2011) Die Topologisierung der Wertschöpfung. Ursprünge, Widerstände und der empirische Fall betahaus. In: Eigensinnige Geographien: städtische Raumaneignungen als Ausdruck gesellschaftlicher Teilhabe, 306. VS-verlag, Wiesbaden. http://networkcultures.org/wpmu/topologies/files/2012/04/Olma-Topologisierung.pdf. Zugegriffen: 29. Jan. 2014

Organisciak P (2008) Motivation of crowds: the incentives that make crowdsourcing work. Crowdstorming. http://crowdstorming.wordpress.com/2008/01/31/motivation-of-crowds-the-incentives-that-make-crowdsourcing-work/. Zugegriffen: 10. April 2013

Oswald B (2011) Die Intelligenz des Schwarms. Mediummagazin. http://www.mediummagazin.de/archiv/2011-2/ausgabe-32011/die-intelligenz-des-schwarms/. Zugegriffen: 29. Jan. 2014

Pelzer C (2014) Crowdsourcing mit Freelancern in der Cloud – Elance auf Wachstumskurs in Deutschland. CrowdsourcingBlog. http://www.crowdsourcingblog.de/blog/2014/03/06/crowdsourcing-mit-freiberuflern-in-der-cloud-elance-auf-wachstumskurs-in-deutschland. Zugegriffen: 9. März 2014

Pelzer C (2011) Crowdsourcing Terminologie. CrowdsourcingBlog. http://www.crowdsourcingblog.de/blog/2011/02/12/terminologie/. Zugegriffen: 29. Jan. 2014

Pelzer C (2012) Welche Vorteile bringt der Einsatz von Crowdsourcing? CrowdsourcingBlog. http://www.crowdsourcingblog.de/blog/2012/08/03/welche-vorteile-bringt-der-einsatz-von-crowdsourcing/. Zugegriffen: 29. Jan. 2014

Pelzer C (2013) oDesk und Elance fusionieren. CrowdsourcingBlog. http://www.crowdsourcingblog.de/blog/2013/12/19/odesk-und-elance-fusionieren/. Zugegriffen: 29. Jan. 2014

Pelzer C, Wenzlaff K, Eisfeld-Reschke J (2012) Crowdsourcing Report 2012 – Neue digitale Arbeitswelten. Epubli, Berlin

Peschel S (2014) StARTcamp in Münster und Strategieentwicklung für Crowdfunding-Kampagnen. Konzeptfreun.de. http://konzeptfreun.de/crowdfunding/strategien-entwickeln-fuer-die-eigene-crowdfunding-kampagne/ Zugegriffen: 2. April 2014

Pink D (2011) Drive: the surprising truth about what motivates us. Riverhead Trade, New York

Püttner C (2010) Gartner: Was sich ändern wird: 10 Thesen zur Arbeit von morgen. CIO. http://www.cio.de/karriere/personalfuehrung/2242950/. Zugegriffen: 29. Jan. 2014

Raeth M (2012) Trendthema 2012 laut DLD-Konferenz: Collaborative Consumption. Gründerszene.de. http://www.gruenderszene.de/allgemein/dld-airbnb-collaborative-consumption. Zugegriffen: 16. Juni 2014

Rifkin J (2007) Access. Das Verschwinden des Eigentums. Warum wir weniger besitzen und mehr ausgeben werden. Campus-Verlag, Frankfurt a. M.

Sakaria N, Gaskins K, Stehfest N (2010) The new sharing economy. Latitude Research, Massachusettes. http://latdsurvey.net/pdf/Sharing.pdf. Zugegriffen: 17. April 2013

Staun H (2013) Sharing Economy. Der Terror des Teilens. Faz.net. http://www.faz.net/aktuell/feuilleton/debatten/shareconomy-der-terror-des-teilens-12722202.html?printPagedArticle=true. Zugegriffen: 9. März 2014

Täubner M (2013) Meins bleibt meins. brand eins Online. http://www.brandeins.de/archiv/2013/besitz/meins-bleibt-meins.html. Zugegriffen: 3. Feb. 2014

The Economist Newspaper Limited (2013) Peer-to-peer rental: the rise of the sharing economy. http://www.economist.com/news/leaders/21573104-internet-everything-hire-rise-sharing-economy. Zugegriffen: 2. April 2013

Tietz J (2013) Sharing Verboten. Berlin Puts Kibosh on Airbnb and Co. Spiegel Online. http://www.spiegel.de/international/business/berlin-to-penalize-short-term-rental-companies-like-airbnb-in-fall-a-916416-druck.html. Zugegriffen: 6. Feb. 2014

Westphal J, Best J (2011) Die Sozialdemokratie in der digitalen Gesellschaft. Netzpolitik. org. https://netzpolitik.org/2012/die-sozialdemokratie-in-der-digitalen-gesellschaft/. Zugegriffen: 3. Feb. 2014

Youseph R (2012) Crowdsourcing vs. co-creation: is there a difference? Dailycrowdsource. http://dailycrowdsource.com/crowdsourcing/articles/opinions-discussion/559-crowdsourcing-vs-co-creation-is-there-a-difference. Zugegriffen: 3. April 2014

Change

4

Nothing is permanent but change. (Heraklit, Philosoph)

Die aktuellen Entwicklungen bringen eine neue Lebens- und Arbeitskultur mit sich. Verantwortungsbereiche, die vormals klar zwischen Individuen, Gesellschaft und Staat sowie Unternehmen aufgeteilt waren, verschieben sich nun. Dem Individuum werden in der Co-Economy mit Mitbestimmung und Verantwortung zuteil. An diese Situation müssen sich alle Beteiligten gewöhnen und in ihre neue Rolle einfinden. Zum einen entstehen im Rahmen einer Wertschöpfung, die nicht mehr linear, sondern kollaborativ verläuft, völlig neue (organisatorische) Herausforderungen, zum anderen tun sich neue Chancen für die einzelnen Player auf, die es abzuwägen und zu ergreifen gilt.

Das digitale Ökosystem hat in den vergangenen Jahrzehnten völlig neue Rahmenbedingungen festgelegt und eine hochgradig flexible wie dezentralisierte Architektur hervorgebracht. Von sozio-ökonomischer Seite aus betrachtet liegen hier mindestens ebenso viele (noch verborgene) Potenziale wie Herausforderungen. Indem Organisationsstrukturen disruptiv werden, entsteht neuer Raum für offene, dem Tempo und der netzwerkartigen digitalen Struktur angepasste Modelle. Da disruptive Prozesse jedoch die Eigenschaft besitzen, nicht auf einen Schlag stattzufinden, sondern über einen längeren Zeitraum hinweg, gibt es nach wie vor (Teile von) Organisationsformen, die nach den alten Strukturen ausgerichtet sind. Inkompatibilität und Missverständnisse zwischen Individuen und Institutionen sind damit vorprogrammiert. Diesen Spagat zu bewältigen und eine Innovation der überalterten Strukturen zu erreichen, ist für viele Unternehmen eine ernstzunehmende Herausforderung. Fragmentierte, offene Prozesse und projektbezogenes

© Springer Fachmedien Wiesbaden 2014
C. Pelzer, N. Burgard, *Co-Economy: Wertschöpfung im digitalen Zeitalter,*
DOI 10.1007/978-3-658-00955-7_4

Arbeiten sind Entwicklungen, die sich weder auf Dauer ignorieren noch aufhalten lassen. In Branchen wie der Kreativwirtschaft lassen sich derlei Veränderungen bereits ausgeprägt beobachten. Der Dienstleistungssektor ist der darauf folgende.

▶   Neue Technologien → neue Workflows → neue Organisationsformen

4.1   Die neue Rolle der Individuen in der Co-Economy

The world runs on individuals pursuing their self-interests. The great achievements of civilization have not come from government bureaus. Einstein didn't construct his theory under order from a bureaucrat. Henry Ford didn't revolutionize the automobile industry that way. (Milton Friedman, US-amerikanischer Wirtschaftswissenschaftler)

Die aktuelle Entwicklung hat Auswirkungen auf alle Akteure des digitalen Ökosystems und Arbeitsumfelds. Die Randstad-Stiftung definiert in diesem Zusammenhang ein Verantwortlichkeitsdreieck bestehend aus Staat, Organisation und Individuum. In diesem Spannungsfeld werden Verantwortlichkeiten wie Innovationsfähigkeit, soziale Absicherung oder ganz allgemein Wirtschaftlichkeit verortet, wobei sich auch diese Strukturen permanent in Bewegung befinden. Ein Umdenken ist sicherlich bei allen Beteiligten gefragt, doch wie und durch wen gesteuert dies stattfindet, ist und bleibt derzeit noch offen. Bis hierzu eine adäquate Lösung gefunden ist, sind Wissensarbeiter oftmals auf sich allein gestellt – und finden das meist gar nicht mal schlimm. Denn sie haben gelernt, sich selbst zu organisieren und sich und ihre Fähigkeiten zu verkaufen. Dafür bekommen sie eine kreative Freiheit, die sie in starren 9-to-5-Arbeitsstrukturen nicht haben könnten. Die Möglichkeit des permanenten Zugangs hatten wir bereits erwähnt, dies trifft auch auf Jobs und Aufträge zu. Auf den entsprechenden Online-Plattformen (oDesk/Elance, Jovoto, 99designs) können Individuen ihre Profile erstellen und optimieren und sich weltweit um Jobs bewerben. Die Besten und Aktivsten setzen sich dabei durch.

Der Begriff des ‚Humankapitals‘ fällt in diesem Zusammenhang häufiger. Auch der des ‚lebenslangen Lernens‘. Beides gewinnt zunehmend an Bedeutung. Die Bundeszentrale für Politische Bildung[1] fasst folgende Trends im Hinblick auf den Wandel der individuellen Lebensentwürfe als Folge der Digitalisierung zusammen (Schmidt 2010):

---

[1] Siehe auch: http://www.bpb.de/apuz/32343/wer-soll-in-zukunft-arbeiten-zum-strukturwandel-der-arbeitswelt.

- Globalisierung und Tertiarisierung als Folge der technologischen Entwicklung
- Pluralisierung und Individualisierung der Lebensentwürfe, hervorgerufen durch einen steigenden Wohlstand, die Verkürzung der Arbeitszeit und das bundesweit gestiegene Bildungsniveau
- Die Tatsache, dass flexiblere Beschäftigungsformen an Gewicht gewinnen
- Eine hohe Dynamik der Arbeitsmärkte, die es für Individuen notwendig macht, für eine entsprechende Weiterbildung (lebenslanges Lernen) und die Sicherung der eigenen Beschäftigungsfähigkeit (Employability) zu sorgen

Das Individuum wird über kurz oder lang zum ‚Arbeitskraftunternehmer', der ‚flexible Mensch' ist lernbereit, mobil und eigenständig in der Lage, sich in der Arbeitswelt von heute zu positionieren und ‚durchzuschlagen' (Voß und Pongratz 1998). Dabei stehen Eigenschaften wie die Fähigkeit, strukturiert zu kommunizieren, zu netzwerken und in (virtuell) verteilten Teams zu arbeiten, höher im Kurs als je zuvor.

4.1.1 Vernetzte Jobsuche

Das Internet hat die Art und Weise verändert, wie wir nach neuen Jobs oder Stellenangebote suchen: Unsere Profile in den Business-Netzwerken Xing und LinkedIn sind digitale Lebensläufe, und auch Facebook, Twitter, Google + und private Blogs werden immer mehr als Plattformen genutzt, um proaktiv Arbeit zu suchen – persönliche Visitenkarten, die unser zukünftiger Arbeitgeber schon lange vor einem Bewerbungsgespräch anschauen kann. Personal Branding, E-Recruiting und Crowdrecruiting sind Themen, die immer relevanter werden.

Besonders bei Freiberuflern und Selbstständigen geht der Trend ganz klar zur bewussten Selbstvermarktung – Personal Branding– , um sich im Netz einen Namen zu machen und die Aufmerksamkeit der potenziellen Auftraggeber auf sich zu ziehen. Social Media bieten die Möglichkeit, Inhalte einfach zu erstellen und mit großer Reichweite zu verbreiten. Immer öfter schaffen es Bewerber, den zukünftigen Arbeitgeber durch verschiedene Web-Aktionen auf sich aufmerksam zu machen (Appelt 2013). Die Profile im Social Web sollten demnach genauso sorgfältig gepflegt und aktualisiert werden wie unsere analogen Bewerbungsunterlagen. Neben der Pflege und ständigen Aktualisierung des eigenen, ganz individuellen Webauftritts lautet das A und O zur proaktiven Jobsuche: Vernetzung, Vernetzung, Vernetzung!

Das Recruiting von neuen Arbeitskräften funktioniert heute drastisch anders als noch vor wenigen Jahren – und das vor allem in der Kultur- und Kreativbranche. Haben sich die Kreativen früher noch direkt bei Unternehmen beworben, läuft das heute eher andersherum. Das stellt die Unternehmen vor neue Herausforderungen: Wenn sie im Social Web aktiv sind, können sie kreative Talente für sich gewinnen beziehungsweise überhaupt erst einmal wahrnehmen. Durch die Veränderungen in der digitalen Welt sind neue Berufe entstanden, wie zum Beispiel der Web-Designer und der Community Manager. Deswegen ist es Unternehmen zu empfehlen, neue Arbeitsbereiche zu schaffen und gegebenenfalls auch neue Abteilungen einzurichten. Außerdem gibt es noch nicht so viele Experten wie benötigt, was zu einem Wettstreit um Talente mit anderen Unternehmen führt. Bereits 1998 umschrieb Steven Hankins im Rahmen einer McKinsey-Studie diesen Wandel mit dem Begriff *War for Talents* (Chambers et al. 1998). Firmen, die schon seit Jahren eine Social-Business-Strategie haben, sind bei diesem Wettbewerb klar im Vorteil. Denn vor allem die jüngere Generation der heutigen Arbeitnehmer ist mit der Vernetzung durch Social Media und dem Prinzip der Shareconomy aufgewachsen (Hedemann 2013). Dazu kommt, dass das Bedürfnis nach flexiblen Arbeitsmodellen und verteilter Arbeit im Home Office eine immer größere Rolle spielt. Viele Unternehmen haben diese Entwicklung (noch) nicht für sich umgesetzt

Neben dem Recruiting mithilfe der sozialen Netzwerke bietet auch das Crowdrecruiting den Unternehmen völlig neue Möglichkeiten, im War for Talents. Crowdrecuriting – so wird die Verknüpfung von Crowdsourcing und Recruiting genannt – bedeutet, dass die Aufgabe des Recruitings an die Crowd ausgelagert wird (Burgard 2014): Ein ‚Crowdstorm' darüber, wer der oder die Richtige für einen bestimmten Job ist. Wer Empfehlungen ausspricht, bekommt dafür eine Belohnung oder eine Prämie. Die Vorteile liegen auf der Hand: Ein enormes Netzwerk, vielseitige Intelligenz und – im Idealfall – zahlreiche Empfehlungen von Fachkräften.

E-Recruting – Strategietipps für Unternehmen
- **Employer Branding**
  Unternehmen sollten sich durch Blogs und Social Networks als positiv besetzte Marke positionieren und dadurch im besten Fall zum Wunscharbeitgeber werden.
- **Klassische Personalwerbung**
  Zu vergebene Stellen sollten über eine Karriere-Website, beziehungsweise über eine Facebook-Karrierepage, und bei Stellenbörsen veröffentlicht und verbreitet werden.
- **Active Sourcing**
  Da passende Bewerber nur selten von selbst auf ein Unternehmen zukommen, sollten die Unternehmen die potenziellen Arbeitnehmer aktiv über die sozialen Netzwerke ansprechen (Hedemann 2013)

4.1.2 Die neue Form der Selbstbestimmtheit

Dass der Netzwerkkapitalismus langsam den Konzernkapitalismus ablöst, zeigt sich am deutlichsten in wissensintensiven Arbeitsumfeldern. In diesem Markt gewinnen kleine, flexible Strukturen an Einfluss, und Arbeit findet zunehmend projektbasiert statt, oft in Freelance-Netzwerken, immer häufiger auch in Startups. Menschen, die in solchen Umfeldern sozialisiert sind, verfügen in der Regel über eine hohe Netzwerk- und Kommunikationskompetenz und ein hohes Maß an Eigenverantwortung; sind es gewohnt, proaktiv Probleme zu lösen und ihr Wissen zu teilen, Eigenschaften, die nicht immer mit den üblichen Arbeitsweisen eines Konzerns übereinstimmen. Die modernen Wissensarbeiter wollen sich aber sowieso nicht mehr langfristig an einen Arbeitgeber binden. Man orientiert sich vielmehr an bestimmten Themen, Fähigkeiten, Branchen oder Peer Groups.

Das traditionelle Muster, dass Erwerbstätige ihre Berufstätigkeit mit einer Berufsausbildung beginnen und dass anschließend der Betrieb bzw. der jeweilige Arbeitgeber die erforderlichen Qualifikationen der Mitarbeiter an die veränderten Anforderungen anpasst, wird so nicht überleben. (Dostal 1998)

In einer Zeit, in der die Grenzen zwischen Arbeit und Freizeit langsam aber sicher immer durchlässiger werden, steigen auch die Ansprüche an das eigene, berufliche Tun. Die Identifikation mit dem Job wird ebenso groß wie der Wunsch nach Selbstbestimmtheit bei der Ausführung. So wirbt zum Beispiel die Plattform Somewhere, die anbietet, Arbeit mit anderen virtuell zu teilen, mit dem Slogan „*Work matters – find somewhere you fit.*" Die Seitenbetreiber schreiben außerdem: „*Find work that truly matters to you and your life will change. Forget about traditional recruitment and searching for a job. It's time to find the people you should be working with.*"[2] Nicht nur die Freiberufler, sondern auch viele Angestellte können und wollen sich nicht mehr mit dem klassischen, am hierarchischen Aufstieg orientierten Karrieremodell identifizieren, da es ihnen zu starr erscheint, zu bürokratisch ist, zu viel Ergebnisdruck ausübt und zu wenig Zeit für Familie und Freunde lässt. Dieser Unmut ist vor allem in großen Konzernen zu spüren. Heinrich Wottawa, Professor für Wirtschaftspsychologie an der Universität Bochum, stellt fest, dass gerade unter Jüngeren, die an ihren Eltern sehen, wie anstrengend Karriere sein kann, der klassische Weg einfach nicht mehr attraktiv sei. In einer von Wottawa betreuten Studie zeigt sich, dass der Anteil männlicher Absolventen, die eine Führungsaufgabe übernehmen könnten oder wollten, von einem Drittel im Jahr 2003 auf 25 % in 2010 gesunken ist. Doch nicht nur die jungen, sondern auch die älteren Semester suchen nach Alternativen zur klassischen Karriere; ihr Wunsch nach hie-

---

[2] http://somewherehq.com/.

rarchischem Aufstieg hat abgenommen (Werle 2012). Es ist offensichtlich: Selbstbestimmtheit und Autonomie nehmen einen immer höheren Stellenwert ein denn
je zuvor. Wenn Unternehmen diesem Wunsch nicht nachkommen können, bleibt
ihnen auch der Zugang zu den klügsten Köpfen verwehrt.

4.1.3 Moderne Arbeitsmotivation

Faul, arbeitsscheu und ideenlos: So definiert das Tayloristische Menschenbild den
Menschen. Doch im Gegenteil: Arbeit kann sehr sinnstiftend sein. Nach Frithjof
Bergmann ist es heute vielmehr so, dass der Mensch verlernt hat, nach derjenigen
Form von Arbeit Ausschau zu halten, die er wirklich tun *möchte*. Bergmann bezeichnet diese Entwicklung als die „Armut der Begierde" (Bergmann 2004). Vielen Menschen fällt es nach Bergmann schwer, die eigenen Talente zu erkennen; sie
haben gelernt, ihr Handeln auf Gründen wie Sicherheit und Routine zu basieren
anstatt auf dem Drang zur eigenen Originalität.

Um dieser Armut der Begierde entgegenzuwirken, fordert Bergmann eine
Transformation des Lohnarbeitssystems in ein System, in dem der Mensch seine
Originalität auch im betrieblichen Kontext (wieder-) findet. Dafür müssten Unter-
nehmen den Arbeitnehmern die Chance geben, ihre Potenziale voll auszuschöpfen.
Die New Work kann hier als Gegenmodell zum Lohnarbeitssystem gesehen wer-
den: Ein Modell, dessen wichtigste Prämisse die Selbstbestimmung ist.

In diesem Kontext definiert Helmut Pürstinger in seiner Arbeit *Alternativen
zum Lohnarbeitssystem* (Pürstinger 2011) den autotelischen Mitarbeiter. Dieser
Mitarbeiter generiert durch seine Arbeit selbst Befriedigung und zwar unabhängig
davon, wie seine soziale Umwelt reagiert. Die Bestätigung erhält er aus sich selbst
heraus. Das Wort Autotelie setzt sich aus den griechischen Wörtern *autòs*, was
selbst, *eigen* oder *persönlich* bedeutet, und *telòs*, das *Ziel*, zusammen. Demnach
bedeutet Autotelie so viel wie Selbstständigkeit, Unabhängigkeit oder Selbstbestimmung und bezeichnet eine sich selbst genügende Aktivität, die ohne Erwartung
von Vorteilen ausgeübt wird. Vielmehr wird sie ausgeführt, weil sie selbst lohnend
ist. Wenn Handlungen wie von selbst und ohne Anstrengung fließen – in einem
sogenannten Flow-Erlebnis –, entsprechen die daraus resultierenden Erfahrungen
dem Gefühl des wahren Selbst und sorgen für eine stärkere Arbeitsmotivation.

4.1.4 Vernetzte Arbeitsabläufe am Beispiel der
Kreativindustrie

Eines unserer heutigen universalen Motivationssysteme ist das System von Zuckerbrot und Peitsche, das einem Menschenbild entstammt, bei dem Motivation

nur durch äußere Belohnung und äußere Bestrafung entstehen kann. Noch herrscht dieses Prinzip in den meisten Unternehmen, Schulen und weiteren Institutionen und impliziert, dass ernsthafte Arbeit hart und unangenehm sein muss. Dabei wäre eine Motivation, die auf ein Tun aufgrund von Freude ausgerichtet ist und die vor allem auch Fehler zulässt, eine deutlich größere Kraftquelle. Denn durch das Prinzip von Zuckerbrot und Peitsche entstand die Annahme, dass zwischen Arbeit und Freizeit getrennt werden müsse: Die Arbeit ist dabei das notwendige Übel und die Freizeit der Ausgleich, der aber keinen Nutzen bringt (Pürstinger 2011). Dabei sind tatsächlich die Übergänge zwischen Arbeit und Freizeit gerade in der Kreativwirtschaft oft fließend – und das muss nichts Schlechtes sein, im Gegenteil.

Besonders in der Kreativwirtschaft sind Autotelie, eine sinnstiftende Arbeit, Selbstbestimmtheit, zeitliche und räumliche Flexibilität sowie Autonomie die wichtigsten Motivationsfaktoren, um einer Tätigkeit nachzugehen. Diesen Zustand, wenn das Handeln (in diesem Fall die Arbeit) mit Freiheit verknüpft ist, nennt Friethjof Bergmann „*flow*" oder „*freies Fließen*" und stellt fest: „*Wir formen unser Selbst gemäß dem Spiegelbild unserer Freiheit*" (Bergmann 2004). Die Annahme, dass die Zunahme der Freiheit eine Abnahme der gesellschaftlichen Ordnung der Erwerbstätigkeit bedeuten würde, ist demnach ein Widerspruch.

Ein Flow-Zustand ist dadurch bedingt, dass keine Belohnungen benötigt werden, da die Handlung selbst das Motiv ist, nicht das Ziel. Die Voraussetzung dafür ist jedoch, dass die Aufgabe dem Leistungsvermögen der jeweiligen Person entspricht und diese demnach weder unter- noch überfordert ist (Csíkszentmihályi 2010). Es müssen eindeutige Handlungsanforderungen vorhanden sein, damit Klarheit über Anforderungen und Folgehandlungen besteht. Allerdings wird ein Flow-Erlebnis genau dann unterbrochen, wenn der Mensch den Prozess selbst zu reflektieren versucht.

Auch für Unternehmen ist es wichtig, sich genau dies bewusst zu machen: Externe Anreize und das (hohe) Gehalt gelten für viele Arbeitnehmer nicht mehr zwangsläufig als Messlatte für (gute) Leistungen. Das Ergebnis am Ende eines Projektes zählt und weniger, wie viele Arbeitsstunden dafür aufgebracht wurden. Autonomie, Flexibilität und Freiräume sind zu grundlegenden Bewertungsfaktoren für einen befriedigenden Jobs geworden.

4.2   Die neue Rolle der Unternehmen in der Co-Economy

The internet is triggering a third wave of capitalism that will transform business and government and lead to extraordinary wealth creation. (John Sviokla, Partner, Strategy and Innovation Advisory Group bei PwC)

Was im ersten Moment hart und radikal klingt, das darf und sollte nicht ignoriert werden: Unternehmen müssen sich in der Netzwerkökonomie von ihrer überlegenen Position verabschieden. Selbst diejenigen, deren Geschäftsmodelle auf der Netzwerkökonomie basieren, sind von ihrem wichtigsten Asset, den Nutzern und Kunden, abhängig. Denn sie sind aktiv beteiligt an der neuen digitalen Wertschöpfung, indem sie interagieren, Inhalte erzeugen und vieles mehr. Unternehmen kommt in diesem Umfeld zunehmend die Rolle von Schaltzentralen und Infrastruktur-Anbietern zu.

4.2.1 Neue Business-Modelle

Heruntergebrochen auf die Business-Modelle bringt die Digitalisierung zunächst eine Demokratisierung der Produktions- und Distributionsmittel mit sich. Nur ein Beispiel von vielen: Heute kann jeder eine Kamera erwerben, bedienen, die Postproduktion durchführen und das Ganze via YouTube an ein breites Publikum senden. Damit werden verschiedene vormals nötige Intermediäre schlichtweg übersprungen und die Botschaft gelangt direkt über die digitale Plattform zum Empfänger. Ähnlich funktioniert das Modell in anderen Branchen, so kann beispielsweise auf Plattformen wie Ebay oder Dawanda jeder mit wenigen Klicks zum Verkäufer werden, auf Airbnb jeder zum Vermieter etc. Die Plattformen selbst leben dabei meist von Revenue-Share-Modellen – meist um die 5–10 % der gehandelten Waren- und Dienstleistungswerte.

Dabei verfügen die neuen Business-Modelle über folgende Eigenschaften:

- Sie verfügen über Wertschöpfungsnetzwerke statt linearer Wertschöpfung.
- Wissensbasierte Wertschöpfung steht dabei im Vordergrund.
- Sie werden oft unbürokratisch, ‚lean' oder in Form von Prototypen umgesetzt.
- Sie setzen auf offene, durchlässige Strukturen statt auf Abgrenzung.
- Es findet ein Dialog in der Kommunikation statt (mit Mitarbeitern/Kunden).
- Die Grenzen zwischen Produzenten, Konsumenten, Investoren verschwimmen.
- Ziel ist Wissenstransfer und neue Märkte zu verstehen.
- Sie tragen letztlich zur Disruption ganzer Branchen bei.

Ein Techcrunch-Artikel[3] aus dem Jahr 2013 geht dem Terminus ‚disruptiv' genauer auf den Grund. Mit dem Ergebnis, dass nicht etwa die Produkte disruptive Eigenschaften besitzen, sondern die Business-Modelle dahinter. Sie sind es,

---

[3] siehe: http://techcrunch.com/2013/02/16/the-truth-about-disruption/.

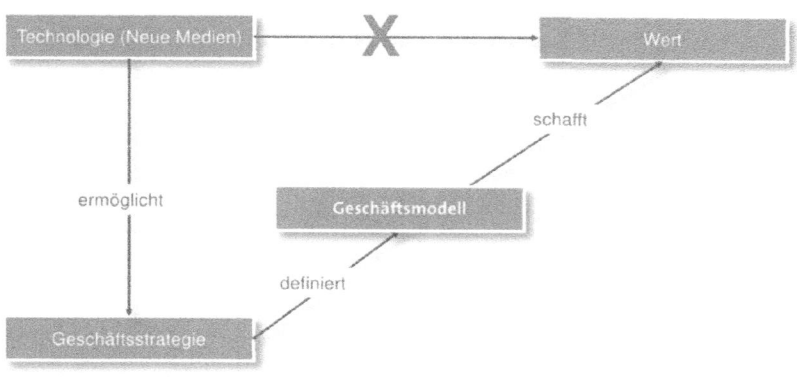

Abb. 4.1 Quelle:http://de.slideshare.net/pstaehler/tradition-ist-kein-geschftsmodell-wie-das-internet-geschftsmodelle-verndert, Stähler 2010

mit denen einzelne Unternehmen[4] eine Branche nachhaltig beeinflussen können. Abbildung 4.1 verdeutlicht, wieso eine neue Technologie an sich noch keinen Mehrwert darstellt. Damit dieser dauerhaft gegeben, ist braucht es z. B. einen Bedarf durch eine ausreichend große Nutzergruppe und entsprechend tragfähige Geschäftsmodelle.

Tabelle 4.1 zeigt, wie sich die Wertschöpfung im Zuge der Co-Economy verändert. Unternehmen können sich in diesem Umfeld entweder als Intermediäre positionieren (denn sie bringen Größe und Reichweite mit, haben finanziell einen längeren Atem als die meisten kleinen) oder sie können selbst von den flexibel zugänglichen Dienstleistungen und Ideen profitieren.

4.2.2 Neue Werte und Währungen

Die digitale Wirtschaft folgt neuen Regeln: die wichtigsten Rohstoffe sind dabei Daten und Zugänge. Mit den zuvor beschriebenen Entwicklungen entsteht nämlich auch ein neues (digitales) Wertesystem. Gut vernetzt zu sein beispielsweise ist wichtiger denn je. Aber auch die eigene Darstellung und Positionierung im di-

---

[4] Die 50 Unternehmen mit den disruptivsten Geschäftsmodellen definiert Techcrunch übrigens in folgender Aufstellung: http://www2.technologyreview.com/tr50/2013/.

Tab. 4.1 The Ways Crowds Deliver Value. Nach Abrahamson et al. 2013

Traditionally enabled via relationships with firms		Crowd-enabled via relationships with people
Employees	Labor	„Co-creation, microtasks, open innovation"
Partner firms (suppliers, distributors)		Freelance and micro-work marketplaces
Professional service firms		Expert communities
		Costumer communities
Broadcast media	Communication	„Social"
In person social + professional networks		Content distributed via social networks
Expert reviews + recommendations		Peer reviews + recommendations
Data samples	Data	„Big data"
Research firms		Continuous data collection
Purpose built data collection		Data as a by-product
Financial institutions	Capital	„Crowdfunding"
Loans or equity via financial institutions		Micro loans or equity via large crowds
Donations via high net worth individuals		Micro donations via large crowds
Credit via credit card companies		Pre-purchase via prospective customers
Individual ownership	Assets	„Collaborative consumption"
Financial institution		Asset sharing
Lease via rental or leasing firm		Peer-to-peer lending

gitalen, zunehmend transparenten Umfeld wird immer bedeutender für Individuen und Unternehmen.

Das Gold der Co-Economy: Social Currency

Schauen wir uns noch einmal im Detail an, wie der Mikrokosmos sozialer Netzwerke funktioniert und wo genau der Mehrwert entsteht. Denn auch hier gibt es erste Maßgrößen. Unter Social Currency beispielsweise versteht man den fiktiven Wert der aktuellen und potenziellen Ressourcen, die mit der Präsenz in sozialen Netzwerken und Communities erzeugt werden – digital oder auch offline. Der Begriff leitet sich ab von Pierre Bourdieus Social-Capital-Theorie[5] und versucht zu beziffern, in welcher Weise sich Faktoren wie Status, Vertrauensbildung und das

---

[5] Siehe auch: http://de.wikipedia.org/wiki/Soziales_Kapital.

Teilen von Wissen und (persönlichen) Informationen in einen Mehrwert innerhalb einer Community umrechnen lassen. Der eigentliche Wert entsteht nicht etwa durch die Einzelperson, sondern vielmehr durch die Verbindungen zwischen den Community-Mitgliedern. Während wir zunehmend im omni-vernetzen ‚Digital Realm' leben, entwickeln sich also im Hintergrund die passenden Geschäftsmodelle.

Social currency essentially refers to the idea that every person has an online identity formed through participation in social networks, websites, digital communities, and online transactions. Our everyday activities – web searches, status updates, ‚likes', tweets, and comments – they all leave a trail of data behind which we tend to see as ephemeral or throwaway. (Barnikel 2012)

Was Datenschützern ein Dorn im Auge ist, bietet in der Co-Economy jedoch auch einen enormen Mehrwert, was die Sicherheit der Transaktionen betrifft. Dadurch, dass der digitale Raum nicht mehr nur anonym genutzt wird, sondern wir ein soziales Profil bekommen, das wir ständig mit uns herumtragen, verringern sich auf den Sharing-Plattformen die Missbräuche. Ein Beispiel: Die Wahrscheinlichkeit, dass ich auf einer Plattform wie airbnb.com oder einem vergleichbaren privaten Carsharing-Portal etwas ver- oder anmiete, steigt mit den Informationen, die ich im Netz über mein Gegenüber zur Verfügung gestellt bekomme. Das können positive Bewertungen, aber auch ein glaubwürdiges, für mich ansprechendes Facebook-Profil sein. Ein Profil erhöht insofern den Wert des Nutzers und damit auch des Netzwerks, indem er sich bei Transaktionen und Interaktionen mit anderen Teilnehmern eher an die Regeln der Community hält. Tut er das nicht, so muss er mit den Konsequenzen des Systems rechnen. Noch ein Beispiel: Spielt jemand bei Ebay nicht fair, so erhält er für die betreffende Transaktion eine schlechte Bewertung. Pro schlechter Bewertung sinken seine Chancen, etwas zu einem guten Preis zu verkaufen, um 10 % weil er Social Currency und damit Glaubwürdigkeit eingebüßt hat, und er erleidet wirtschaftlichen Schaden. Das Web ist eben schnell, transparent und gnadenlos was solche Reaktionen betrifft.

Aus Sicht derjenigen Unternehmen, die ihr Geschäftsmodell bereits in der digitalen Co-Economy gefunden haben, ist es natürlich von großem Interesse, den Ansatz von Social Currency nachhaltig zu stärken, um damit auch ihre Plattformen und Communities zu stabilisieren. Dafür werden Metriken entwickelt und verbessert oder einfach bestehende Netzwerke und Dienste (u. a. Facebook oder Klout[6]) verknüpft. Bereits hochgradig professionalisiert und daraus ein valides Geschäftsmodell gemacht haben dieses Verfahren Dienstleister wie z. B. Kreditech[7], die

---

[6] http://klout.com/home.

[7] http://www.kreditech.com.

einen Big-Data-Ansatz nutzen, um unter anderem den Social Graph und weitere (in Summe 8000) Datenpunkte auszulesen und daraus ein individuelles Gesamt-Scoring zur Vergabe von Krediten zu errechnen.

Auch in diesem Falle sind einzelne Informationen nutzlos im Vergleich zu dem Wert, den sie gemeinsam abbilden. So heißt es in einem Techcrunch-Artikel zum Thema: *"Today, however, these fragmented bits and bytes collectively form who we are, our very essence, and are increasingly being used as a powerful form of authentication on the Web. Previously intangible aspects such as trustworthiness and reliability can now be measured and tracked"* (Barnikel 2012). Der gleiche Autor argumentiert dort, dass Social Currency insbesondere dann an Bedeutung gewinnt, wenn wir unsere Geschäftsmodelle und -beziehungen weiter in den digitalen Raum verlagern. Online-Reputations-Tracking und die Kontextualisierung verschiedener Profile und Nutzungsgewohnheiten würden damit zur zentralen Metrik des 21. Jahrhunderts.

Purer Zufall? Glückliche Fügung vs. ‚Accelerated Serendipity'
Näher betrachtet steht die Entstehung von kollaborativ erzielten Innovationen und Mehrwerten durch und in Netzwerken immer auch im Kontext des Aufeinander-treffens von Menschen und Projekten, die ähnliche Ziele verfolgen. Im englisch-sprachigen akademischen Sprachraum wird hierfür die Bezeichnung ‚Serendipity'[8] verwendet, eine Wortschöpfung des englischen Schriftstellers Horace Walpole (1676–1745) anlässlich der persischen Fabel ‚The Three Princes of Serendip', in der die Helden in Sri Lanka (damals ‚Serendip') immer wieder glückliche Zufälle und Begegnungen erleben.

Ganz im Gegensatz zu Glück und Zufall kann Serendipity aber durchaus geför-dert werden, beispielsweise durch Offenheit, zielgerichtete Aufmerksamkeit oder die Schaffung entsprechender Rahmenbedingungen. Eben diese unterstützenden Vorgänge beschreibt der Begriff (Accelerated) Serendipity, der in der modernen Business-Theorie (Olma 2013) eine Renaissance erlebt hat, so zum Beispiel im Zusammenhang mit Co-working-Spaces als Begegnungsstätten und Brutkästen für gemeinsame Projekte. Auch themenspezifische (Online-) Netzwerke und Gruppen oder auch Events können solch ein Anknüpfungspunkt sein. Egal, ob online oder offline – der Serendipity-Faktor erhöht sich, sobald genug Kollaborationspotenzial vorhanden ist. Der Added Value von Serendipity entsteht dabei erst aus der Kom-bination mehrerer Elemente, Ansätze und Personen, die allein keine oder eine viel geringere Wirkung erzielt hätten.

---

[8] Das Oxford Dictionary definiert Serendipity wie folgt: „The occurrence and development of events by chance in a happy or beneficial way."

Der Counterpart zur gezielten Förderung der ‚positiven Begegnungen' und des Zugewinns an Optionen wird mit dem Begriff ‚Zemblanity' belegt, in Anlehnung an William Boyds Roman *Amadillo* und die dort erwähnte Insel *Nova Zembla*, die – kalt, abgeschottet und schroff – den völligen Gegensatz von *Serenpid* darstellt. Ein weiterer in diesem Zusammenhang genutzter Ausdruck ist ‚Bahramdipity', der in ‚The Three Princes of Serendip' die gezielte Unterdrückung positiver Entdeckungen beschreibt. Beide Begriffe sind in gewisser Weise Metaphern für ein Sich-Abschotten gegenüber der Außenwelt inklusive der damit verbundenen Mehrwerte, was in der heutigen Wirtschaftswelt unbedingt vermieden werden sollte. Ein beliebtes Zemblanity-Tool (das zum Glück langsam aus der Mode zu kommen scheint) sind beispielsweise NDAs (non-disclosure agreements), die jede Chance auf ein wenig Serendipity bereits im Keim ersticken.

Goldene Regeln der Accelerated Serendipity für Unternehmen und Individuen:
1. Rausgehen und offen sein gegenüber neuen Kontakten und Möglichkeiten
2. Sich geeignete Begegnungsstätten suchen, online wie offline
3. Seine Ziele und Vorhaben vor Augen haben und mit anderen teilen
4. Selbst zum Accelerator werden und Begegnungen/Events/Netzwerke organisieren

4.2.3   Die Notwendigkeit von Strukturwandel

Unternehmen stehen also einer digitalen Revolution gegenüber, die zahlreiche Branchen und Geschäftsmodelle nach und nach umkrempeln wird. Manche wirken dabei allerdings wenig selbstbewusst sondern, eher wie ein erschrockenes Reh im Scheinwerferlicht: erstarrt und reglos. Der Grund für eben diese Handlungsunfähigkeit ist bei in schlimmen Fällen ein jahrelanges Ignoranzproblem seitens der Unternehmensführung, bei den meisten jedoch ein schlichtes Strukturproblem. Sie sehen zwar, dass dort etwas angerollt kommt, die einzelnen Unternehmenssegmente sind aber zu schwerfällig, um schnell reagieren zu können. Oftmals geht das strukturelle Problem dabei einher mit einem unternehmenskulturellen Problem. Beides lässt kaum einen adäquaten Umgang mit Neuerungen am Markt zu – keine leichte und vor allen Dingen keine leicht zu lösende Situation für Großkonzerne. Unternehmensführung ist zunehmend komplexer geworden – der Druck steigt, alles ist im Fluss, Innovationszyklen sind kürzer denn je. Wertschöpfungsketten ändern sich gefühlt wöchentlich, Konsumenten sind plötzlich ‚Prosumer' und ver-

langen nach maßgeschneiderten Lösungen und Selbstbestimmung. Auch der Markt
wird transparenter und die Konkurrenz schläft nicht. Zu allem Überfluss werden
auch noch die (Wunsch-) Angestellten immer anspruchsvoller.

Kein Unternehmen ist sicher vor diesen Umbrüchen, Branche und auch Größe
und Monopolstellungen sind keine sichere Rettung – im Zweifel kommt ein findi-
ges, agiles Startup aus dem Silicon Valley nächstes Jahr auf die Idee, eine einfache-
re und bessere digitale Lösung zu entwickeln. Bis der entsprechende Großkonzern
sich bewegt hat, ist das neue Modell vielleicht schon nicht mehr zu bremsen. Das
musste vor einigen Jahren leidvoll die Plattenindustrie erleben, aktuell sehen sich
die großen Medienkonzerne vor dem gleichen Problem. Der Verlagsbranche steht
schon seit langem die Angst vor frei verfügbaren Online-Inhalten (z. B. in Blogs
oder durch Anbieter wie die Huffington Post) ins Gesicht geschrieben, als nächstes
geht es den Sendern und Produzenten an den Kragen. Wer hätte auch vor zehn Jahren gedacht, dass ein Suchmaschinenanbieter wie Google plötzlich mit wackligem,
bunten, User-generated content erfolgreich in den Kampf um die Aufmerksamkeit
der User einsteigt (YouTube) und jetzt auch noch auf die TV-Geräte drängt (Chro-
mecast)?

Zusammengefasst noch einmal die Hauptfaktoren, die die Disruption klassischer Geschäftsmodelle vorantreiben:

• die Digitalisierung bestehender Prozesse
• die freie Verfügbarkeit von Produktionsmitteln
• der freie Zugang zu Wissen und Dienstleistungen
• der individuelle Wertewandel im Arbeits- und Sozialleben

Fakt ist: All dies fordert nicht nur oberflächliche Änderungen der Geschäftsab-
läufe, sondern einen grundlegenden Strukturwandel. Auch wenn es immer wieder
Hoffnungsschimmer der ,Old Economy' gibt wie zuletzt beim Platzen der Dot
Com Blase – geholfen oder geändert hat das langfristig nichts. Und jetzt die gute
Nachricht: Fortschritt kann man nicht aufhalten, aber man kann ihn für sich nutzen.

4.2.4 Offene Systeme als Innovationsbeschleuniger

Welche Infrastruktur braucht also diese digitale, kollaborative Wirtschaft? Um Kreativität und Innovationen zu kultivieren, müssen zunächst einmal offene Systeme
geschaffen werden. Denn Innovationen entstehen meist dort, wo es Reibung gibt,
dort, wo neue Einflüsse aufeinandertreffen, die vorher keine Berührungspunkte
hatten. Und Innovationen entstehen von allen Dingen da, wo Individuen eigen-
verantwortlich und mit einer Vision am Werk sind. Das Konstrukt ,Unternehmen'

als geschlossene, starre Organisationsform hat sich im Zeitalter der Vernetzung überlebt.

Christoph Giesa und Lena Schiller Clausen unterstützen in ihrem Buch ‚New Business Order‘ den Standpunkt des Management Vordenkers Fredmund Malik, der in einem offenen Brief an junge Ökonomen (veröffentlicht auf Spiegel-Online) prognostizierte, dass es schon in wenigen Jahren die Hälfte aller heutigen Fortune Global 500 Unternehmen nicht mehr geben werde. Das führen sie vorrangig auf einen Mangel an Innovationsfähigkeit zurück und argumentieren, die Hauptaufgabe moderner Manager bestehe darin, ihre Mitarbeiter in der Ausübung teilselbstständiger Prozesse zu schulen. Dabei raten sie von zu strikter Zielsetzung und Kontrolle ab. „Vielmehr legt der moderne Manager nur noch die Rahmenbedingungen fest, unter denen der Mitarbeiter selbstständig auf Basis seiner Erfahrung sowohl seine Ziele definiert als auch seine Arbeit selbst reflektiert" (Giesa und Clausen 2014). Manager, so die Autoren, hätten damit mehr Raum, um sich auf das Coaching der Mitarbeiter und strategische Aufgaben zu konzentrieren. Dabei beziehen sich die beiden auf Birger P. Priddat, Professor an der Uni Witter/Herdecke und Autor von ‚Organisation als Kooperation‘, der schreibt: „Moderne Führung kann nicht einfach auf Anweisungen bauen, weil es die Kompetenz der Mitarbeiter zur Situationsbeurteilung und Entscheidungseinschätzung braucht" (Priddat 2010). Offene Systeme bringen eine Reihe von Eigenschaften und Vorteilen gegenüber geschlossenen Strukturen und Organisationen mit sich. Beispielsweise, dass sie

- auf Selbstbestimmtheit und Eigenverantwortung basieren,
- von Interdisziplinarität und Diversität profitieren,
- Innovation durch Rekombination erzeugen können,
- oftmals dezentral, agil und interaktiv organisiert sind,
- ‚dynamische Unternehmer‘ als Hauptakteure haben.

4.3 Mind the Gap: Lücken schließen und Schnittstellen schaffen

Im Grunde sind es immer die Verbindungen mit Menschen, die dem Leben seinen Wert geben. (Wilhelm von Humboldt, dt. Philosoph und Sprachforscher)

Um die bestehenden Lücken zwischen einer ‚stringenten‘ und einer kollaborativen, agilen Ökonomie zu schließen, müssen in erster Linie die richtigen Schnittstellen gefunden werden, eine Aufgabe, die zukünftig immer mehr auf Manager zukommen wird, die sowohl ihre Umwelt als auch ihre eigene Rolle neu wahrnehmen müssen. Sie sind die Erbauer der neuen Netzwerke, sie überblicken die Strukturen, ohne viel einzugreifen. Wie aber müssen diese neuen Strukturen und Schnittstellen aussehen? Wie kann die Transformation in der Wertschöpfung, aber auch in der Arbeitswelt von morgen aktiv gesteuert werden?

Eine Möglichkeit für Unternehmen, selbst von agileren Strukturen zu profitieren, ist die direkte Kooperation mit Gründern. Indem sie ihr Corporate Venture Capital einsetzen oder eigene Intrapreneurship-Programme, Creative Labs bzw. Startup Inkubatoren [9] aufbauen – so geschehen bereits bei Unternehmen wie der Telekom mit hub:raum, dem ProSiebenSat.1 Accelerator-Programm oder Axel Springers Plug & Play – helfen sie bei der Förderung und Finanzierung von Ideen. Gleichzeitig eignen sie sich Innovationen und wertvolle Ressourcen wie Wissen, Geschäftsanteile und Kontakt zu jungen Kreativen an. Unabhängig vom Erfolg der so entstehenden Produkte werden hier wichtige Netzwerke aufgebaut und Kontakte in die Digitalszene geknüpft, die die zukünftige Innovationsfähigkeit sicherstellen. Denn die Werte und Fähigkeiten von Gründern sind in der Co-Economy mehr denn je gefragt, so beispielsweise Kreativität, Eigenverantwortung, eine offene Feedbackkultur intern sowie die mit den Nutzern. Und vor allen Dingen eine Vorgehensweise, die Raum zum Ausprobieren (und ggf. Scheitern und Neu-Starten) lässt, die ‚lean' und ‚beta' ist – das bedeutet die Erstellung einfacher Prototypen und ein Arbeiten ohne unnötigen Overhead. All dies können und müssen Unternehmen (zulassen) lernen. Die gute Nachricht ist nämlich, dass jede Organisationsform sich neu erfinden kann.

Neben der Kooperation mit Startups und jungen Kreativen können Unternehmen aber auch ihre bereits bestehenden Stakeholder aktivieren. Damit sind sowohl die Schnittstellen zu den Endverbrauchern gemeint, die in ausgewählte Produktentwickungs-Prozesse (beispielsweise über Plattformen wie Jovoto oder unseraller) miteingebunden werden können, als auch das Einbeziehen der eigenen Mitarbeiter (z. B. auf Ideenbörsen). Und nicht zu vergessen: die Option, sich einen eigenen ‚fluiden Experten-Pool' aus hochspezialisierten freien Mitarbeitern aufzubauen, die nach Bedarf dem Unternehmen zuarbeiten, deren Akquise z. B. über die Corporate-Modelle von oDesk/Elance erfolgen kann. Auch und insbesondere bei den virtuellen und Crowdsourcing-basierten Ansätzen ist es wichtig, die Beziehung zu den jeweiligen Individuen zu pflegen. Ein gutes Community-Management ist die Basis hierfür.

Zusammenfassend ergeben sich für die unternehmerischen Schnittstellen der Co-Economy verschiedene Herausforderungen, aber auch zahlreiche neue Chancen:

---

[9] Siehe auch: http://www.gruenderszene.de/lexikon/begriffe/inkubator.

Herausforderungen:

1. für den Human-Resources-Bereich, die die unterschiedlich gearteten Workforces und Individuen akquierieren und betreuen müssen
2. für die Kommunikationsabteilungen, die eine starke Unternehmensindentität aufbauen müssen, mit der sich jeder, der Teil dieser Workforce ist, identifizieren kann
3. für die Legal-Abteilungen, die die verschiedenen Vertrags- und ggf. Beteiligungsarten (Intrapreneurship) bzw. bei externen Co-Creation-Ansätzen die IP-Rechte klären müssen
4. hinsichtlich einer ‚Gesamtstrategie‘, denn wo auch immer Kollaboration passiert, sind auch entsprechend disperse Meinungen und Belange strategisch zu vereinbaren

Chancen:

1. für die langfristige Innovationskraft, indem Unternehmen strukturell so agil und inhaltlich so offen wie möglich agieren können
2. für den Dialog mit Kunden und Mitarbeitern, indem mit unterschiedlichsten Stakeholdern gemeinsam an Inhalten, Produkten und Projekten gearbeitet wird
3. für neue Geschäftsfelder und -Modelle, indem aus der Co-Economy heraus neue, u. a. hochgradig diversifizierte Business-Lösungen entstehen können
4. für den nachhaltigen Umgang mit (Wissens- und Kreativ-) Ressourcen, sowohl unternehmensintern als auch in Form von neu entwickelten Dienstleistungen und Marktplätzen für externe Ressourcen

Entscheider, die diese Schnittstellen gestalten, müssen sich nicht nur bewusst mit Veränderungen und Innovationen in ihrem direkten Umfeld auseinandersetzen, sie müssen auch mögliche Substitute aus anderen Branchen im Blick haben und am besten gleich selbst die nächste große Innovation anregen – finanziert und gestützt durch ein (noch) tragfähiges und stabiles Kerngeschäft.

Lessons learned
- Das digitale Ökosystem hat neue Rahmenbedingungen festgelegt und eine flexible und dezentralisierte Architektur hervor gebracht.
- Fragmentierte, offene Prozesse und projektbezogenes Arbeiten lassen sich weder ignorieren noch aufhalten.
- Staat, Organisation und Individuum bilden ein Verantwortlichkeitsdreieck, in dem Innovationsfähigkeit, soziale Absicherung oder Wirtschaftlichkeit verortet sind. Diese Strukturen befinden sich permanent in Bewegung.

- Selbstbestimmtheit und Autonomie nehmen in der Kreativbranche einen immer höheren Stellenwert ein und die Übergänge zwischen Arbeit und Freizeit sind oft fließend.
- Die Co-Economy ist eine Professionalisierung der bereits bestehenden Web-2.0-Prozesse und -Eigenschaften; die Mechanismen sind gesteuerter, zielgerichteter und kalkulierter als das herkömmliche Social-Media-Triebwerk.
- Humankapital und lebenslanges Lernen gewinnen an Bedeutung.
- Personal Branding, E-Recruiting und Crowdrecruiting werden immer relevanter.
- Unternehmen kommt in der neuen digitalen Wertschöpfung zunehmend die Rolle von Schaltzentralen und Infrastruktur-Anbietern zu.
- Die Digitalisierung bringt eine Demokratisierung der Produktions- und Distributionsmittel mit sich.
- Nicht die Produkte besitzen disruptive Eigenschaften, sondern die Business-Modelle dahinter. Durch sie beeinflussen einzelne Unternehmen eine Branche nachhaltig.
- Social Currency ist der fiktive Wert der aktuellen und potenziellen Ressourcen, die mit der Präsenz in sozialen Netzwerken und Communities erzeugt werden – digital oder auch offline; dabei entsteht der eigentliche Wert nicht durch die Einzelperson, sondern durch die Verbindungen zwischen den Community-Mitgliedern. Um den Ansatz der Social Currency zu stärken, werden Metriken entwickelt und verbessert oder bestehende Netzwerke und Dienste verknüpft.
- Accelerated Serendipity ist die gezielte Förderung der ‚positiven Begegnungen' und des Zugewinns an Optionen.
- Die Digitalisierung bestehender Prozesse, die freie Verfügbarkeit von Produktionsmitteln, Wissen und Dienstleistungen sowie der individuelle Wertewandel im Arbeits- und Sozialleben treiben die Disruption klassischer Geschäftsmodelle voran
- Die richtige Ausgestaltung der Schnittstellen ist in der Netzwerkökonomie der Schlüssel zum Erfolg

Quellen & Literaturempfehlungen

Appelt R (2013) Personal Branding – Bewerbung 2.0. Sketchnotes. http://sketchnotes. de/2013/05/30/personal-branding-bewerbung-2-0/. Zugegriffen: 3. Feb. 2014

Barnikel M (2012) How social currency is driving identity, trust and new industries. Techcrunch. http://techcrunch.com/2012/04/15/how-social-currency-is-driving-identity-trust-and-new-industries/. Zugegriffen: 3. Feb. 2014

Bergmann F (2004) Neue Arbeit, neue Kultur: Ein Manifest. Arbor-Verlag, Freiburg

Bund K, Heuser U, Kunze A (2013) Generation Y – Wollen die auch arbeiten? Zeit Online. http://www.zeit.de/2013/11/Generation-Y-Arbeitswelt. Zugegriffen: 3. Feb. 2014

Burgard N (2014) Crowdrecruiting Am Beispiel des Projekts Work in Green. CrowdsourcingBlog. http://www.crowdsourcingblog.de/blog/2014/01/21/crowdrecruiting-am-beispiel-des-projekts-work-in-green/. Zugegriffen: 3. Feb. 2014

Chambers EG, Fouldon M, Handfield-Jones H, Hankin SM, Michaels EG (1998) The war for talents. McKinsey Q 3:44–57

Csíkszentmihályi M (2010) Flow: Das Geheimnis des Glücks, 15. Aufl. Klett-Cotta, Stuttgart

Dapp T, Ehmer P (2011) Kultur- und Kreativwirtschaft – Wachstumspotential in Teilbereichen. Deutsche Bank Research. Deutsche Bank Research, Frankfurt

Dostal W (1998) Arbeit und Lernen in der Informationsgesellschaft. In: Heinrich Böll Stiftung. http://www.wissensgesellschaft.org/themen/bildung/arbeitundlernen.pdf. Zugegriffen: 3. Feb. 2014

Giesa C, Clausen L (2014) New Business Order. Wie Start-ups Wirtschaft und Gesellschaft verändern. Carl Hanser Verlag, München.

Hedemann F (2013) E-Recruiting: Wie Unternehmen den War on Talents gewinnen. t3n. http://t3n.de/news/e-recruiting-unternehmen-war-459089/. Zugegriffen: 23. April 2013

Von Hippel E (2005) Democratizing Innovation. The MIT Press, Cambridge

Olma S (2013) The serendipity machine. A disruptive business model for society 3.0. Van Lindong & De Bres, Amersfoort

Priddat, B (2010) Organisation als Kooperation. VS Verlag für Sozialwissenschaften, Wiesbaden

Schmidt J (2010) Wer soll in Zukunft arbeiten? Zum Strukturwandel der Arbeitswelt. Bundeszentrale für politische Arbeit. http://www.bpb.de/apuz/32343/wer-soll-in-zukunft-arbeiten-zum-strukturwandel-der-arbeitswelt. Zugegriffen: 27. Mai 2014

Voß G, Pongratz W (1998) Der Arbeitskraftunternehmer. Eine neue Grundform der Ware Arbeitskraft? Köln Z Soziol Sozialpsychologie 1:131–158

Werle K (2012) Karriere? Ohne mich. Spiegel Online. http://www.spiegel.de/karriere/berufsleben/karriereverweigerer-wer-will-noch-chef-werden-a-851667.html. Zugegriffen: 3. Feb. 2014

Conclusion

5

Die Zukunft ist hier. Sie ist nur noch nicht gleichmäßig verteilt. (William Gibson, US-amerikanischer Science-Fiction-Autor)

Wenn die zuvor genannten Beispiele uns eins zeigen, dann dass wir nicht von der fernen Zukunft sprechen. Bei den Usern und Kunden, bei Startups, bei Freelancern und Kreativen sind diese kollaborativen Geschäftsmodelle und Organisationsformen längst angekommen. Unser Alltag wird agiler. Dieser Umstand kann weder wegdiskutiert werden, noch kann er von Unternehmen und Managern ignoriert werden.

Ergo müssen auch die vorherrschenden Geschäftsmodelle und Organisationsprozesse dieser Entwicklung angepasst werden. Vernetzte, selbstbestimmt agierende Units, Entrepreneur-Geist und offene, kollaborative Strukturen – all dies ist weitaus effizienter und zukunftssicherer für Konzerne als unflexible Gebilde, die bei der nächsten digitalen Innovation ihren Wert verlieren. Agile Organisationsformen und Business-Modelle gewinnen. Und damit diejenigen Unternehmen, die bewusst Kreativität und Innovationen kultivieren, statt diese wertvollen Inhalte durch zu starre, hierarchische Organisationsformen zu ersticken. Wem es gelingt, Bürokratie durch kurze Wege und kollaborative Ansätze zu ersetzen, der hat gute Chancen, die digitale Transformation für sich zu nutzen.

© Springer Fachmedien Wiesbaden 2014
C. Pelzer, N. Burgard, *Co-Economy: Wertschöpfung im digitalen Zeitalter,*
DOI 10.1007/978-3-658-00955-7_5

5.1   Wieso Unternehmen (jetzt!) über ihre Grenzen hinweg denken müssen

Wenn der Wind der Veränderung weht, bauen die einen Mauern und die anderen Windmühlen. (Chinesisches Sprichwort)

Die meisten sollten es nach den vorangegangenen Kapiteln zumindest erahnen: Wir befinden uns bereits mitten im fortgeschrittenen, vom Technologie-Pionier und Marketingexperten Karl-Heinz Land beschworenen ‚Digitalen Darwinismus‘. Diejenigen Unternehmen, die es nicht schaffen, sich rechtzeitig an die bevorstehenden Änderungen in den Wirtschafts-, Organisations- und Arbeitsprozessen anzupassen, werden es in Zukunft schwer haben – oder schlichtweg nicht mehr existieren. Denn auch hier gilt: Nicht der Größte und Stärkste gewinnt, sondern der Anpassungsfähigste. Was sich früher gemächlich über Jahrzehnte entwickelte, das überrollt uns inzwischen nahezu und wird innerhalb weniger Jahre zum Branchenstandard.

Diese neuen Rahmenbedingungen zu erkennen ist demnach überlebenswichtig in Zeiten einer globalen, vernetzten Wirtschaft wie der heutigen. Genauso wichtig aber ist Offenheit. Denn bei diesen immer kürzer werdenden Innovationszyklen fällt es Unternehmen zunehmend schwer, mittels geschlossener Systeme ihr Level an Innovationskraft konstant zu halten. Aus diesem Grund müssen (!) sie langfristig über ihre eigenen Unternehmensgrenzen hinaus denken und andere Akteure und Modelle als Innovationstreiber mit einbeziehen, z. B. in Form von Open Innovation oder Co-Creation durch externe Kreative oder eigene Kunden. Neben der konstanten Schaffung von Innovationen geht es zudem um die effiziente Nutzung der am Markt vorhandenen Ressourcen. Auch hier eröffnen sich neue Chancen und Geschäftsmodelle in Form von globalen Crowdsourcing-Marktplätzen oder Shareconomy-Ansätzen. Aus Sicht von Unternehmen ergeben sich damit drei Handlungsebenen:

1. Ebene 1: Die externen (Kreativ-) Ressourcen, Dienstleistungen und die entsprechenden Plattformen für unternehmenseigene Zwecke nutzen, um die Innovationskraft und Flexibilität zu fördern. Beispiel: Ein Unternehmen beauftragt eine Crowdsourcing-Kampagne zur Ideenentwicklung, lagert bestimmte Tätigkeiten regelmäßig an die Crowd aus oder es baut Schnittstellen in Form von Startup-Kooperationen auf, um den Wissenstransfer zu gewähren.
2. Ebene 2: In dieser zweiten, disruptiveren Variante werden Teile des unternehmenseigenen Geschäftsmodells der digitalen Co-Economy angepasst, zunächst als ein Pilotprojekt oder Geschäftsarm, während das Kerngeschäft weiter läuft.

Beispiel: Ein Unternehmen transformiert sein jeweiliges Kerngeschäft, so im Ansatz bereits bei Automobilherstellern zu beobachten, die in den Carsharing-Markt eingestiegen sind.

3. Ebene 3: Ein kompletter, strategischer Umbau des unternehmenseigenen Geschäftsmodells. Dieser digitale Strukturwandel findet über mehrere Jahrzehnte hinweg statt und erfordert einen integrierten Gesamtplan.

Die einzelnen Schritte können durchaus aufeinander aufbauen. Hat ein Unternehmen genug Erfahrung im Hinblick auf Co-Economy-Ansätze gesammelt, kann es in Betracht ziehen, dieses Geschäftsfeld zu professionalisieren und sukzessive als eigene Dienstleistung auszubauen – eh es andere tun.

Fest steht: Die Debatte über eine sinnvolle Gestaltung einer dem technologischen Fortschritt und den neuen Geschäftsmodellen angepassten Arbeitssituation ist längst überfällig, sowohl auf unternehmerischer wie auch auf gesellschaftlicher Ebene. Das Schöne an der aktuellen Situation ist aber: Die Digitalisierung verlangt uns nicht nur eine neue Anpassungsfähigkeit ab, sie ermöglicht sie auch. Die zuvor beschriebenen Entwicklungen sind nicht alleine Bedrohungen, es sind vor allen Dingen mannigfaltige Möglichkeiten, Möglichkeiten, die dort draußen liegen, außerhalb der Unternehmensmauern. Von der Ideenfindung über die Produktgestaltung, Finanzierung und Distribution – praktisch jeder Bereich der Wertschöpfung kann inzwischen kollaborativ erfolgen. Wer jetzt die richtigen Schnittstellen und Knotenpunkte schafft, der wird bald schon wie selbstverständlich mitreisen auf dem Weg in die digitale Zukunft.

5.2 Szenario für die Arbeits- und Organisationsprozesse der Co-Economy

Die letzte Stimme, die man hört, bevor die Welt explodiert, wird die Stimme eines Experten sein, der sagt: ‚Das ist technisch unmöglich.' (Peter Ustinov, britischer Schriftsteller und Schauspieler)

Was Herr Ustinov damit meint: Die Sache mit den Vorhersagen ist sicherlich keine leichte, erst recht nicht in einer Umgebung, die sich ohnehin stetig im Fluss befindet. Vielleicht entwickelt auch gerade jetzt jemand in einem Kinderzimmer irgendwo auf der Welt den Grundstein für das nächste Google und dann wird sowie alles anders. Aber eines ist unumstößlich: Unternehmen, die überleben möchten, werden sich zwangsläufig einem Strukturwandel innerhalb der Organisationen und Prozesse unterziehen müssen. Diejenigen, die sich darauf einlassen, werden zukünftig eine Flexibilisierung erfahren, die sich den globalen Märkten und Geschwindigkeiten anpasst. Neben den zentralen Adminstrations- und Steuerungselementen des Unternehmens werden sich kleinere, mehr oder weniger autarke Units um die strategisch relevanten Stellen und Themenfelder gruppieren, die es auch großen Konzerngebilden erlauben, auf Trends zu reagieren und eigene Innovationsprojekte verhältnismäßig schnell und unbürokratisch umzusetzen.

Zudem werden die Innen- wie Außergrenzen der Unternehmen durchlässiger werden. Die Verwendung firmen- oder abteilungsinterner Ideenbörsen wird ausgebaut und letztlich die Gestalt von ‚Ressourcen- bzw. Work-Pools' annehmen, die eine ideale Nutzung der vorhandenen Kapazitäten und Fähigkeiten ermöglichen und Arbeitnehmern mehr Eigenverantwortung und freiere Zeiteinteilung für ihre – ohnehin zunehmend projektbasierten Arbeitspakete – zugestehen. Online-Kollaborations-Tools unterstützen diesen Trend und ermöglichen ein mobileres, flexibleres Arbeiten für all diejenigen, die dies möchten. Dies fördert u. a. den Ausbau der bestehenden Teilzeitmodelle, spart Wegzeiten und sorgt mitunter auch inhaltlich für ganz neue Impulse. Überschüssige Arbeitsvolumina, die sich nicht von den internen Mitarbeitern decken lassen, oder hochspezialisierte Aufgaben können zudem von externen fluiden Workforces und Experten erledigt werden, beispielsweise über Crowdsourcing-Plattformen und Marktplätze bzw. unternehmenseigene Freelance-Workpools[1], auf die zurückgegriffen wird, sobald der interne Workpool ausgeschöpft ist. Letztlich werden immer mehr Tätigkeiten automatisiert sein, was bleibt, sind die hochgradig wissensintensiven Aufgaben. Doch auch hier ist die Auswahl der digitalen Hilfsmittel hoch. Dass sich Wissensarbeiter mit der neuesten Hard- und Software auskennen, ist in vielen Bereichen mehr Pflicht als Tugend. Insbesondere Freelancer und Kreative nutzen längst die digitalen Kollaborations-Tools, um ihren Arbeitsalltag zu organisieren. Das geht hin bis zu einer globalen Talent-Cloud, die anstelle eines festen Arbeitgebers über Crowdsourcing-Marktplätze ihre Aufträge akquiriert.

Neben den Großkonzernen hat sich – insbesondere im Digitalsektor – eine Vielzahl kleiner, äußerst agiler Unternehmen herausgebildet, deren Innovationskraft mit der der Industriegiganten durchaus mithalten kann und sie manches Mal auch abzuhängen weiß. Ein Grund mehr für Konzerne, strategische Beteiligungsstrukturen für eben diese kleinen Innovationsvehikel zu schaffen, um den eigenen Wissens- und Technologietransfer zu befördern. Diese Entwicklungen zusammengenommen werden in Zukunft dazu beitragen, dass Unternehmensstrukturen in Zeiten der Co-Economy komplexer bzw. vielschichtiger sind und einen gänzlich anderen Führungsstil erfordern. Die Schnittstellen zwischen den (Sub-) Einhei-

---

[1] oDesk/Elance bieten in den USA bereits entsprechende Modelle an.

ten werden ebenso agiler konstruiert und gemanagt werden wie die internen und externen Workpools selbst. Wenn es zukünftig nicht mehr nur eine Art von Vollzeit-Mitarbeitern gibt, sondern sehr diverse Modelle, dann müssen sich auch die Human-Ressources-Abteilungen sowie die jeweiligen Leiter der Teams und Units darauf einstellen. Abläufe und Kommunikationsmethoden sowie Abrechnungsmodelle müssen angepasst werden.[2] Hinzu kommt, dass projektbezogene Arbeit in vielen Bereichen noch weiter zunehmen wird. Standardisierte Tasks sind so weit wie möglich ausgelagert oder alternativ intern dorthin umverteilt, wo Kapazitäten frei sind.

Unternehmen werden für sich insbesondere sicherstellen müssen, dass sie sich trotz oder gerade wegen dieser neuen Vielschichtigkeit der Beschäftigungsformen eine klar umrissene Identität bewahren, an denen sich die Mitarbeiter orientieren können. Für den Innovationsbereich ist es im Hinblick auf die Mitarbeiter essentiell, Vordenker für das Unternehmen zu akquirieren, die eigenständig ihre Bereiche verwalten und Themen setzen; diese Mitarbeiter haben eher den Status von Intrapreneuren und berichten in regelmäßigen Abständen an die Geschäftsleitung. Um den stetigen kreativen Austausch innerhalb des Unternehmens und zwischen den einzelnen Units zu gewährleisten und ‚Accelerated Serendipity' (vgl. Abschn. 4.2.2) zu ermöglichen, werden immer mehr Unternehmen zukünftig auf Corporate Co-Working Spaces oder Kreativ-Labore setzen, die so gestaltet sind, dass sie ein kollaboratives und innovatives Arbeitsklima fördern. Wertschöpfung orientiert sich derweil entlang an Themen und Projekten statt an starren, linearen Strukturen.

5.3 Ein Leitfaden für Entscheider

We may be moving to a world of networks well led versus organizations well managed. (Jim Collins, amerikanischer Autor und Unternehmensberater)

Die Entscheider von heute und morgen sind diejenigen, denen die ebenso verantwortungsvolle wie spannende Aufgabe zufällt, die neuen Prozesse zu gestalten. Dabei müssen sie zunächst die aktuellen Entwicklungen verstehen und anschließend danach handeln.

---

[2] Die Abrechnung erfolgt Zeit- oder Task-basiert bzw. über Rahmenverträge für solche Mitarbeiter, die häufiger für den gleichen Auftraggeber arbeiten.

Erkennen

1. Die Digitalisierung verändert die Art und Weise, wie wir leben, arbeiten und wie Unternehmen Werte schaffen.
2. Netzwerkbasierte Wertschöpfung ersetzt lineare. Die Co-Economy bringt neue Geschäftsmodelle und Organisationsstrukturen hervor.
3. Schlanke, offene Strukturen sind gefragt, um Innovationen zu schaffen. Mittels Kollaboration werden neue Sichtweisen und Methoden eingebracht.
4. Nutzerzentrierung wird noch wichtiger. Was will der digitale Kunde? Einfachen und unmittelbaren Zugang zu Produkten und Inhalten, am besten sofort und am liebsten zu Flatrate-Preisen.
5. Agilität besiegt Größe in vielerlei Hinsicht, es gibt keine Patentlösung, sondern viele Möglichkeiten. Wir sind in einer Phase der Digitalisierung angekommen, in der die Struktur steht, jetzt braucht es nur noch etwas Einfallsreichtum und den Mut, sie auch zu nutzen.

Handeln

1. Sich inspirieren lassen, um die Co-Economy besser zu verstehen. Rausgehen, netzwerken (z. B. auf Events, Hackathons, in Co-Working Spaces) und sich Meinungsführer und Menschen an Bord holen, die diese Arbeitsweise bereits aktiv leben und über das entsprechende Know-how verfügen.
2. Für die Schaffung und Pflege der entsprechenden Knotenpunkte sorgen. Beispielsweise durch das Eröffnen eines eigenen Corporate Co-Working Space oder Inkubators.
3. Die am Markt vorhandenen Tools testen. Um sich mit den technischen Lösungen und Methoden vertraut zu machen, erste Kooperationen eingehen, Prototypen und Pilotprojekte aufsetzen.
4. Sich durchaus auch andere Branchen anschauen. Neugierig und offen sein. Und Spaß dabei haben, diese Prozesse (gemeinsam mit anderen) begleiten zu dürfen.
5. Die Chance ergreifen! Jetzt!

Glossar

Aggregatoren Eine Software oder ein Dienstleister, der Inhalte sammelt, aufbereitet und kategorisiert

Anachronismus Zeitlich unpassende Einordnung

Autotelie Zusammengesetzt aus *autòs* (selbst, eigen, persönlich) und *telos* (Ziel). Selbstständigkeit, Unabhängigkeit oder Selbstbestimmung

B2B Abkürzung für Business-to-Business

Bitcoin Länderübergreifendes Zahlungssystem mit virtuellen Geld

C- Level Manager eines Unternehmens

Carsharing Die gemeinschaftliche Nutzung eines Autos oder mehrerer Automobile

Cloud Computing Ansatz, abstrahierte IT-Infrastrukturen (z. B. Rechenkapazität, Datenspeicher, Netzwerkkapazitäten oder auch fertige Software) dynamisch an den Bedarf angepasst über ein Netzwerk zur Verfügung zu stellen (Quelle: Wikipedia)

Closed Innovation Innovationsverständnis, das die Exklusivität einer Innovation als wesentliche Rente des Innovators bezeichnet (Quelle: Wikipedia)

Content Curation Lesen, Überprüfen und Teilen von digitalen Inhalten Dritter

Co-Creation Die Abgabe eines Teils der Verantwortung von dem Manager an ein Netzwerk von unabhängigen Spezialisten

Co-Economy Neue Formen der Zusammenarbeit, die durch digitale Technologien, Infrastrukturen und Ökosysteme ermöglicht werden

Co-Living Das Vermieten von Wohnräumen über das Internet

Collaborative Consumption Gemeinschaftlicher Konsum

Corporate Knowledge Unternehmenswissen

Community Management Betreuung einer Online-Community

Crowdstorm Brainstorming mit der Masse der Internetnutzer

C. Pelzer, N. Burgard, *Co-Economy: Wertschöpfung im digitalen Zeitalter,*
DOI 10.1007/978-3-658-00955-7

Co-Working Projektunabhänges Zusammenarbeiten (von Freelancern) in einem gemeinsamen Arbeitsraum

Content Marketing Eine Marketing-Technik, die mit informierenden, beratenden und unterhaltenden Inhalten die Zielgruppe ansprechen soll, um sie vom eigenen Unternehmen und seinem Leistungsangebot oder einer eigenen Marke zu überzeugen und als Kunden zu gewinnen oder zu halten

Crowdfunding Das Sammeln von Geld für Unternehmen, künstlerische Projekte etc. über die Crowd

Crowdinvesting Die Geldgeber erwerben einen Anteil am Unternehmen, der mit einem Anteil am Gewinn des Unternehmens verbunden ist. Kann als Zwischenform von Crowdfunding und der klassischen Unternehmensfinanzierung gesehen werden

Crowdlending Über das Internet vermittelte Kredite an Privatpersonen

Crowdrecruiting Die Verknüpfung von Crowdsourcing und Recruiting: Crowdrecruiting bedeutet, dass die Aufgabe des Recruitings an die Crowd ausgelagert wird

Crowdsourcing Die Auslagerung von Arbeits- und Kreativprozessen an die Crowd als auch die Einlagerung von Wissen, Kapital und Zeit aus der Crowd in ein Unternehmen oder eine Organisation

Crowdworking Übertragung des Cloud-Computing-Prinzips auf den Bereich der Arbeitskraft

E-learning Alle Formen des Lernens, bei denen elektronische oder digitale Medien für die Präsentation und Distribution von Lernmaterialien und/oder zur Unterstützung zwischenmenschlicher Kommunikation zum Einsatz kommen (Quelle: Wikipedia)

E-Recruiting Die Unterstützung der Personalbeschaffung durch den Einsatz elektronischer Medien und Personalsysteme (Quelle: Wikipedia).

Employer Branding Unternehmensstrategische Maßnahme, bei der Konzepte aus dem Marketing – insbesondere der Markenbildung – angewandt werden, um ein Unternehmen insgesamt als attraktiven Arbeitgeber darzustellen und von anderen Wettbewerbern im Arbeitsmarkt positiv abzuheben (Quelle: Wikipedia)

Hyperexpertentum Die Aufspaltung von Aufgabengebieten

Incentivierung Ein Anreiz zur Motivation, eine besondere Be- oder Entlohnung, die bei Erfüllung einer vorher definierten Vorgabe ausgehändigt wird

Floprate Anteil der Neuprodukte, die aufgrund zu geringem Käuferinteresses vom Markt genommen wurden

Few-to-many Ein Zustand mit verhältnismäßig wenig Anbietern im Vergleich zu der Anzahl von Konsumenten

Freelancer Freier Mitarbeiter

Gamification Die Anwendung spieltypischer Elemente und Prozesse in spielfremdem Kontext (Quelle: Wikipedia)

Global Workforce Globale Arbeitsmärkte/Belegschaft

Intellectual Property Rights Geistiges Eigentum

Kryptowährung Privat geschöpftes Geld beziehungsweise Fiatgeld in der Form digitaler Zahlungsmittel (Quelle: Wikipedia)

Long-Tail-Effekte „The Long Tail" ist eine auf den Arbeiten von Malcolm Gladwell aufbauende Theorie, die der US-amerikanische Journalist und Chefredakteur des Wired Magazines Chris Anderson 2004 vorstellte, nach der ein Anbieter im Internet durch eine große Anzahl an Nischenprodukten Gewinn machen kann (Quelle: Wikipedia)

Many-to-many Ein Zustand mit vielen Anbietern und vielen Konsumenten

Mikroinvestment Privatpersonen beteiligen sich als Kleinanleger an neu gegründeten Unternehmen

Microtasks Teilaufgaben, die im Rahmen eines Auftrags oder Projekts anfallen, beispielsweise die Recherche oder Verifizierung einer Adresse innerhalb einer Liste oder Datenbank

Micropayment Zahlungsverfahren geringer Summen, die vor allem beim Kauf von digitalen Gütern anfallen

Monitoring Auswerten der Daten von Social Networks

Netzwerkeffekt Er beschreibt, dass der Nutzen an einem Standard oder Netzwerk wächst, wenn dessen Nutzerzahl größer wird. Wenn der Nutzen für alle bei steigender Nutzerzahl weiter anwächst, spricht man von positiver Rückkopplung. Wird eine kritische Masse erreicht, so steigt die Nutzerzahl exponentiell an (Quelle: Wikipedia)

Open Innovation Die Abgabe eines Teils der Verantwortung von dem Manager an ein Netzwerk von unabhängigen Spezialisten

Open Journalism Das Einbinden der Leser in den Entstehungsprozess des Journalismus

Open Source Software, deren Lizenzbestimmungen in Bezug auf die Weitergabe der Software besagen, dass der Quelltext öffentlich zugänglich ist und – je nach entsprechender Lizenz – frei kopiert, modifiziert und verändert wie unverändert weiterverbreitet werden darf (Quelle: Wikipedia)

Outsourcing Abgabe von Unternehmensaufgaben und -strukturen an Drittunternehmen

Peer-to-Peer-Netzwerk Alle Computer sind gleichberechtigt und können sowohl Dienste in Anspruch nehmen als auch zur Verfügung stellen

Pareto-Prinzip Das Pareto-Prinzip, benannt nach Vilfredo Pareto (1848–1923), auch Pareto-Effekt, 80-zu-20-Regel, besagt, dass 80 % der Ergebnisse in 20 % der Gesamtzeit eines Projekts erreicht werden. Die verbleibenden 20 % der Ergebnisse benötigen 80 % der Gesamtzeit und verursachen die meiste Arbeit (Quelle: Wikipedia)

Shareconomy Das systematische Ausleihen von Gegenständen und gegenseitige Bereitstellen von Räumen und Flächen, insbesondere durch Privatpersonen und Interessengruppen (Quelle: Wirtschaftslexikon Gabler)

Serendipity Der Begriff Serendipität (englisch *serendipity*), gelegentlich auch *Serendipity-Prinzip* oder *Serendipitätsprinzip*, bezeichnet eine zufällige Beobachtung von etwas ursprünglich nicht Gesuchtem, das sich als neue und überraschende Entdeckung erweist (Quelle: Wikipedia)

Skaleneffekt Die Abhängigkeit der Produktionsmenge von der Menge der eingesetzten Produktionsfaktoren

Social Currency Der fiktive Wert der aktuellen und potenziellen Ressourcen, die mit der Präsenz in sozialen Netzwerken und Communities erzeugt werden

Stakeholder Ökonomischer Teilhaber

Startup Ein kürzlich gegründetes Unternehmen

Stückkostendegression Mit zunehmender Ausbringung sinken die *Stückkosten*, *da sich die fixen* Kosten auf eine größere Menge verteilen, die Grenzkosten sind konstant oder sinken

Taylorismus Das von dem US-Amerikaner Frederick Winslow Taylor (1856–1915) begründete Prinzip einer Prozesssteuerung von Arbeitsabläufen, die von einem auf Arbeitsstudien gestützten und arbeitsvorbereitenden Management detailliert vorgeschrieben werden. (Quelle: Wikipedia)

User-Innovation Die Internetnutzer beteiligen sich aktiv an der Entwicklung neuer Produkte

User-generated Content Medieninhalte, die nicht vom Anbieter eines Webangebots, sondern von dessen Nutzern erstellt werden (Quelle: Wikipedia)

Zemblanity Der Counterpart zur gezielten Förderung der positiven Begegnungen und des Zugewinns an Optionen

Wiki Hypertext-System für Webseiten, deren Inhalte von den Benutzern gelesen und online direkt im Webbrowser geändert werden können.

Firmen/Unternehmen/Eigennamen

airbnb Ein Community-Marktplatz für die weltweite Buchung und Vermietung von Unterkünften

Betahaus Co-Working Space mit Sitz in Berlin, Hamburg, Sofia und Barcelona

Bildblog Ein Watchblog, das die Arbeit der Axel-Springer-Publikationen kritisch begleitet

car2go Ein Carsharing-Anbieter des deutschen Automobilherstellers Daimler sowie des Mietwagenunternehmens Europcar

CERN Die Europäische Organisation für Kernforschung

Clickworker Ein deutscher Marktplatz für Microjobs

Couchsurfing Ein internetbasiertes Gastfreundschaftsnetzwerk

Die.Redaktion Eine Crowdsourcing-Plattform, über die journalistische Texte vertrieben werden

DriveNow Ein Carsharing-Angebot des deutschen Automobilherstellers BMW sowie des Mietwagenunternehmens Sixt

Elance Eine globale Plattform für *Online Outsourcing*. Auftraggeber können unabhängige *Freelance*-Fachkräfte engagieren und Online-Instrumente nutzen, um Teams und Projekte weltweit zu koordinieren (Quelle: Wikipedia)

Innovestment Crowdfunding-Auktionsplattform für innovative Startups

Iversity Ein deutsches Unternehmen, das sich auf die Bereitstellung von Online-Kursen und -Vorlesungen spezialisiert hat

Kickstarter Crowdfunding-Plattform aus den USA

oDesk Eine Vermittlungsplattform für Freelancer

Open Source Car (OSCar) Eine freies Hardware-Projekt, das sich zum Ziel gesetzt hat, ein Auto komplett im Internet zu entwickeln

Mechanical Turk Amazons Marktplatz für Microjobs

PayPal PayPal, Inc (engl. wörtlich *Bezahlfreund*, angelehnt an *pen pal, Brieffreund*) ist eine Tochtergesellschaft des US-Unternehmens eBay, die unter ihrem Markennamen ein Online-Bezahlsystem betreibt. Es kann als Micropayment-System und zur Begleichung von Mittel- und Kleinbeträgen zum Beispiel beim Ein- und Verkauf im Online-Handel genutzt werden

Places Co-Working Space in Hamburg

Seats2Meet Co-Working Space in Utrecht, Niederlande

Seedmatch Crowdinvesting-Plattform für deutsche Startups

Somewhere Auf der Plattform können User sich bestmöglich präsentieren und gleichzeitig können Unternehmen nach Talenten suchen, die zu ihnen passen

Startnext Deutschlands größte Crowdfunding-Plattform

Udacity Eine private Online-Akademie, die Vorlesungen und Prüfungen kostenlos verfügbar macht

The manufacturer's authorised representative in the EU is Springer
Nature Customer Service Centre GmbH, Europaplatz 3, 69115 Heidelberg,
Germany. If you have any concerns regarding our products, please
contact ProductSafety@springernature.com

Printed and bound by CPI Group (UK) Ltd, Croydon, CR0 4YY
27/04/2026
02097646-0003